LIVRES CLASSIQUES
DE L'EMPIRE
DE LA CHINE.

LES

LIVRES CLASSIQUES DE L'EMPIRE DE LA CHINE,

RECUEILLIS

PAR LE PERE NOEL;

PRÉCÉDÉS

d'Observations sur l'origine, la nature et les effets de la philosophie morale et politique dans cet empire.

TOME TROISIEME.

A PARIS,

Chez DE BURE, BARROIS aîné et BARROIS jeune, quai des Augustins.

M. DCC. LXXXV.

LE TROISIEME LIVRE

CLASSIQUE,

NOMMÉ

LE LIVRE

DES SENTENCES.

AVANT-PROPOS.

Ce livre est un recueil des entretiens de Confucius avec ses disciples ; des réponses qu'il fait aux rois, aux ministres & à des particuliers ; des résultats de ses méditations sur l'esprit & sur le cœur humain ; des réflexions que les événements, le temps ou les circonstances lui suggerent.

Les questions, les réponses, les réflexions ont pour objet le développement des principes de la morale, & pour fin la vertu.

On a vu dans la science des adultes & du juste milieu Confucius établissant les fondements de la morale & de la politique, s'élevant aux plus ſublimes idées des vertus civiles & morales, apprenant aux Chinois qu'ils étoient tous deſtinés à ces vertus; qu'elles n'étoient inacceſſibles à aucune claſse des citoyens, & que perſonne ne pouvoit être heureux qu'en les pratiquant.

Dans la ſcience des adultes & du milieu immuable, le philoſophe chinois s'éleve pour ainſi dire dans le ciel pour y puiſer les principes de la morale & de la politique qui doivent guider tous les êtres intelligents, diriger les hommes, gouverner les ſociétés, conduire à la paix, & faire régner le bonheur ſur la terre.

Dans le livre des ſentences il deſcend de la ſpéculation ſublime de ces principes à leur application aux détails de la vie ; il applique ſes maximes à la conduite ordinaire, comme à l'adminiſtration des états ; il modifie ſes principes, les accommode aux circonſtances, les approprie aux caracteres, apprend a les appliquer, & prévient, par ces détails, les abus auxquels la généralité des principes peut donner lieu dans l'uſage que l'on peut en faire avec des caracteres différents & dans des circonſtances différentes.

Outre ce que je viens de dire, le livre des ſentences contient un tableau très fidele des mœurs & du gouvernement de la Chine au moment où le philoſophe chinois explique ſa doctrine à ſes diſciples : il offre le ſpectacle intéreſſant du combat de la dépravation & de la vertu, de la lumiere & de l'ignorance.

L'ignorance, l'erreur & le vice ont plus de ſectateurs ſans comparaiſon que la morale & la vertu n'ont de diſciples; mais par-tout le malheur, le trouble & le déſordre accompagnent le vice & l'ignorance; & en parcourant les différentes provinces de l'empire, Confucius forme par-tout des diſciples qui découvrent aux rois & à leurs concitoyens les cauſes & les remedes des maux qu'ils éprouvent: ſouvent haïs & perſécutés, ils ſont pourtant reſpectés, & conſervent par-tout l'idée de la vertu & la connoiſſance de la néceſſité d'en ſuivre les principes pour vivre heureuſement &

pour régner paiſiblement : par-tout ils montrent des hommes heureux par leurs vertus.

Ainſi le livre des ſentences eſt à la fois un recueil de maximes & d'exemples qui prouvent la néceſſité de la vertu pour être heureux, & la poſſibilité de la pratiquer.

Ici, comme dans tous les livres claſſiques & dans tous les ouvrages philoſophiques des Chinois, la morale eſt jointe à la politique, parceque la philoſophie chinoiſe enviſage toujours l'homme comme un citoyen, & le citoyen comme le membre d'une famille au bonheur & à la conſervation de laquelle il doit travailler ſans ceſse : devoir qu'il ne peut remplir s'il ne connoît pas les principes & les regles de l'adminiſtration. La politique n'eſt donc point à la Chine une eſpece de myſtere ou d'art magique renfermé dans le cabinet du miniſtre, ou dans les bureaux des commis. C'eſt la ſcience du gouvernement d'une grande famille, dont on croit que tous les enfants doivent être inſtruits.

Trois choſes me paroiſſent caractériſer le livre des ſentences; la ſimplicité, la profondeur, la généralité. Les moins intelligents peuvent le comprendre; les plus habiles, en le méditant, y découvriront des vérités qu'ils ne connoiſſoient pas: & chacune des maximes tient preſque toujours aux grands principes de la morale; ce qui les rend intéreſſantes pour tous les hommes, ſous quelque climat & ſous quelque gouvernement qu'ils vivent.

Ces maximes portent l'empreinte de l'ame de Confucius : par-tout il eſt fin & délicat ſans affectation & ſans prétention ; ſublime ſans orgueil & ſans enflure ; ferme & inébranlable ſans opiniâtreté & ſans faſte ; exact & même ſévere ſans pédantiſme & ſans dureté ; humain & indulgent ſans foibleſſe & ſans relâchement ; enfin il joint par-tout la lumiere au ſentiment, & n'éclaire jamais l'eſprit ſans toucher le cœur.

On a partagé cet ouvrage en vingt articles, dont les ſujets ne ſont point liés entre eux. Cette diviſion paroît n'avoir pour objet que de procurer au lecteur des eſpeces de repos.

Le pere Noel a cependant donné des eſpeces d'analyſes ou d'arguments de chacun de ces articles, que je mettrai dans ma traduction, mais qui ne font point partie de l'ouvrage.

LE LIVRE DES SENTENCES.

ARTICLE PREMIER.

Du caractere du sage, de ses vertus, de ses devoirs, soit dans la vie privée, soit en public.

1. CELUI qui non content d'imiter les actions des anciens sages les accompagne pour ainsi dire dans la carriere de la vertu, & s'exerce avec eux pour y avancer tous les jours, n'éprouve-t-il pas sans cesse de nouveaux plaisirs?

2. N'accroît-il pas à chaque instant la ſomme de ſon bonheur? Son cœur n'éprouve-t-il pas la plus délicieuſe ſatisfaction s'il voit arriver des provinces éloignées des hommes qui veulent écouter ſes préceptes & marcher avec lui dans le chemin de la perfection ?

3. N'eſt-il pas véritablement ſage, ſi, bornant tous ſes vœux à ces objets, il n'aſpire ni à la célébrité ni à la réputation, & voit ſans chagrin, ſans colere, ſans miſanthropie, qu'il eſt oublié ou ignoré des hommes ?

4. Yen-Tſu, diſciple de Confucius, diſoit : Il eſt bien difficile de trouver parmi ceux qui rempliſsent les devoirs de la piété filiale & de la ſubordination fraternelle des hom-

mes qui ſe plaiſent à offenſer leurs ſupérieurs ; mais parmi ceux qui aiment à offenſer leurs ſupérieurs, vous n'en trouverez aucun qui n'aime à exciter des troubles.

5. Le ſage ne perd jamais de vue le principe fondamental pour bien vivre, parceque de ce principe découle naturellement l'honnêteté de toutes les actions de la vie : le reſpect du fils envers ſon pere, & du frere cadet envers ſon frere aîné, ne ſont-ils donc pas réellement le principe de toute piété ?

6. Examinez les flatteurs, & je doute que vous en trouviez qui ſoient pieux.

7. Lorſque j'ai voulu rendre ſervice à un autre, n'ai-je rien négligé pour réuſſir ? ai-je été ſincere avec

mes amis & dans la ſociété ? ai-je pratiqué la droiture de mon maître ? Voilà trois objets ſur leſquels je m'examine ſévèrement, diſoit Tſum-Tſu, diſciple de Confucius.

8. Pour bien gouverner un royaume de cent ſtades, il faut, ſelon Confucius, un roi vigilant, vrai, économe, qui aime ſon peuple, & qui n'exige du travail des laboureurs qu'avec la plus grande prudence, c'eſt-à-dire dans l'hiver, & dans les temps où la terre ne demande pas leurs ſoins.

9. Confucius diſoit ſouvent : Que les enfants & les freres cadets reſpectent leurs parents dans la maiſon & leurs ſupérieurs au dehors : qu'ils ſoient diligents dans leurs ac-

tions & vrais dans leurs discours : qu'ils aient pour tous les hommes une bienveillance commune, & pour les bons une affection particuliere. Si après avoir rempli tous ces devoirs il leur reste du loisir, qu'ils l'emploient à lire le livre des poésies & celui des annales de l'empire, à apprendre les rites & la musique, à tirer de l'arc, à conduire un char, à écrire, à s'instruire dans l'art de compter.

10. Tsui-Hia, disciple de Confucius, disoit : Si un homme aime la sagesse des sages autant que la beauté des beaux objets ; s'il n'oublie rien pour remplir les devoirs de la piété filiale ; s'il s'expose sans crainte à la mort pour obéir au roi ; s'il est fidele & vrai dans le com-

merce & envers ſes amis ; on me diroit en vain qu'il n'a point étudié les lettres, je ne le mettrai pas moins au nombre des lettrés.

11. Un diſciple de la ſageſse qui n'aime pas la gravité des mœurs ne tarde pas à négliger la modeſtie, ſans laquelle il ne peut aſpirer conſtamment à la ſageſse.

12. La décence & la modeſtie ne ſuffiſent pas pour former un vrai diſciple de la ſageſse ; il faut qu'il ait un amour dominant pour la candeur & pour la vérité.

13. Enſuite il faut qu'il ne forme point de liaiſon & de ſociété particuliere qu'avec ſes ſupérieurs ou ſes égaux.

14. Enfin, comme on ne peut vivre ſans commettre des fautes, il

faut qu'il ne ſe laſse point de travailler à ſe corriger.

15. Tſum-Tſu, diſciple de Confucius, diſoit : Si un prince rend avec le reſpect convenable les devoirs funebres à ſes parents ; ſi leur ſouvenir lui eſt cher, & qu'il s'acquitte long-temps des devoirs que l'uſage a preſcrits dans les différentes ſaiſons pour eux, le peuple imitera ſon exemple, & remplira avec généroſité des devoirs auxquels il ne ſatisfaiſoit qu'avec parcimonie.

16. Tſu-Kin, diſciple de Confucius, diſoit un jour à Tſu-Kum ſon condiſciple : Notre maître, en parcourant les différents royaumes, s'eſt ſans doute inſtruit de leur gouvernement : a-t-il acquis ces connoiſsances par les queſtions qu'il a fai-

tes aux habitants, ou les rois mêmes les lui ont-ils communiquées de leur propre mouvement ?

17. Tſu-Kum lui répondit : La douceur, la candeur, la modération, la modeſtie de notre maître lui ont procuré des connoiſsances ſans qu'il ait eu beſoin de faire des informations ou des queſtions : les ſouverains, charmés de ſes belles qualités, s'empreſsoient, pour leur propre inſtruction, de lui communiquer les principes de leur adminiſtration. Confucius, comme vous le voyez, avoit pris pour s'inſtruire un moyen tout différent de celui que les hommes ordinaires emploient.

18. Confucius diſoit un jour à ſes diſciples : Voulez-vous connoître ſi

un homme a les vertus d'un fils ? voyez à quoi il viſe pendant la vie de ſon pere, & ce qu'il fait à ſa mort. Si après la mort de ſon pere il vit comme lui pendant trois ans, ſoyez sûr qu'il eſt attaché aux devoirs de la piété filiale.

19. Selon Yu-Tſu, diſciple de Confucius, l'air naturel & aiſé eſt ce qu'il y a de plus eſsentiel dans l'obſervation des rites & des civilités, & c'eſt en cela que l'on admire avec raiſon les regles & les loix des anciens empereurs pour leur obſervation, parceque dans tout ce qu'ils ont preſcrit à cet égard pour les plus grandes comme pour les plus petites choſes, iis ont pris la nature pour guide. Telle étoit l'idée que Yu-Tſu ſe faiſoit des rites.

20. Mais il ne faut pas croire que parceque la beauté des rites consiste dans le naturel, il ne faille s'appliquer qu'à faire d'un air aisé & naturel ce que l'on fait, sans s'astreindre aux loix mêmes de l'honnêteté & des rites : ce seroit un excès & un désordre.

21. Yu-Tsu répétoit souvent ces trois maximes : Celui qui promet une chose juste, peut être fidele à ses promesses : celui qui révere les autres conformément aux loix de l'urbanité, peut se répondre de n'avoir jamais un juste sujet de rougir : celui qui choisit ses amis & ses protecteurs parmi les hommes de bien, peut, dans l'occasion, compter sur leur amitié & sur leur protection.

22. Voulez-vous ſavoir à quels traits on peut reconnoître un véritable diſciple de la ſageſse ? diſoit Confucius ; c'eſt celui qui ne fait dépendre ſon bonheur ni de la délicateſse & de la ſomptuoſité de ſa table, ni de l'élégance & de la commodité de ſon habitation, qui ſe conduit habilement dans les affaires, qui eſt réſervé dans ſes diſcours, & qui recherche avec ardeur la ſociété des ſages.

23. Tſu-Kum diſoit à Confucius ſon maître : Que penſez-vous d'un pauvre qui ne flatte point, & d'un riche ſans faſte ?

J'en penſe, répondit Confucius, qu'un pauvre ſerein dans la miſere eſt beaucoup au-deſsus du premier, & le riche équitable beaucoup au-deſsus du ſecond.

24. Ne ſeroit-ce point, reprit Tſu-Su, ce que veut dire le livre des poéſies dans l'ode où l'on lit: « L'ouvrier qui travaille l'ivoire le coupe d'abord avec la ſcie, & le polit enſuite avec le rabot, comme le lapidaire taille la pierre avec le poinçon & la polit avec la pierre ponce. »

25. Mon cher Tſu-Su, reprit Confucius, vous avez parfaitement ſaiſi ma penſée & prévenu ce que j'allois vous dire: vous pouvez maintenant expliquer le livre des poéſies.

26. Le véritable diſciple de la ſageſſe eſt fâché de ne pas connoître les hommes, & non pas de n'en être pas connu.

ARTICLE II.

Devoirs d'un prince qui veut bien gouverner, & d'un fils envers ses parents.

1. POUR qu'un prince gouverne bien ses peuples, il faut que l'éclat de ses vertus les guide, qu'il devienne leur modele, & qu'il soit dans l'état ce qu'est dans le ciel l'étoile polaire, qui, quoiqu'immobile, semble diriger la révolution des autres étoiles.

2. Le livre des poésies renferme plus de trois cents articles, dont le sens pourroit se réduire à cette maxime : « Ne permettez à votre esprit de penser rien de mal ou de deshonnête. »

3. Si le prince veut conduire ſes peuples uniquement par des ordonnances & les contenir par les châtiments, ils ſauront éviter le châtiment, mais ils ne ſauront pas rougir du vice.

4. Au contraire, ſi le prince conduit les peuples par l'exemple de ſes vertus, & les contient par la force de l'honnêteté, ils ſauront rougir du vice & acquérir des vertus.

5. Dans ſa vieilleſſe, Confucius diſoit : J'avois à peine atteint l'âge de quinze ans que je me preſſai de ſuivre la profeſſion des ſciences & de la ſageſſe ; à l'âge de trente ans je m'y étois livré entièrement, & rien au monde n'étoit capable de m'en détacher ; à quarante ans j'avois approfondi les principes de la

morale, & je cherchois avec facilité les causes des phénomenes de la nature; à cinquante ans je compris la loi du ciel & l'admirable harmonie qui y regne; à soixante ans je m'étois tellement rendu familiers les principes de la morale, & j'en saisissois si facilement les conséquences, que l'intelligence de tout ce que l'on me disoit relativement à cet objet ne me coûtoit aucune application; enfin à soixante & dix ans je ne suivois que le penchant ou l'impulsion de mon cœur, & je ne m'écartois presque jamais des loix de l'honnêteté.

6. Mem-Y-Tsu demanda à Confucius quelle étoit la maniere de bien remplir ses devoirs envers ses parents: Ne transgressez point les loix, répondit Confucius.

7. Fan-Chi, qui ne comprenoit pas bien le ſens de la réponſe, demanda à Confucius ce qu'il entendoit en diſant *ne violez point les regles.*

8. Le voici, répondit Confucius : Tant que vos parents vivent, il faut les ſervir ſelon que les rites le preſcrivent ; lorſqu'ils ſont morts, il faut leur faire des funérailles conformes aux rites ; & lorſqu'ils ſont dans le tombeau, il faut leur rendre tous les ans les honneurs que les rites preſcrivent. Voilà ce que j'entendois lorſque j'ai répondu à Mem-Y-Tſu que la maniere de bien honorer ſes parents ſe réduiſoit à cette maxime, *ne violez point les loix ;* & je lui ai fait cette réponſe, parceque, quoique Mem-Y-Tſu ne ſoit

que premier miniſtre, ſa famille ſuivoit les rites preſcrits pour les rois.

9. Le fils de ce même premier miniſtre demanda un jour à Confucius comment il falloit honorer ſes parents.

Les parents, répondit Confucius, ſont dans des inquiétudes continuelles ſur la ſanté de leurs enfants. Veillez donc à votre propre conſervation, & ne portez d'atteinte à votre ſanté ni par les excès, ni par les vices, ni par les querelles, de peur d'augmenter les craintes & les inquiétudes de vos parents.

10. Tſu-Yen, diſciple de Confucius, demandoit un jour quels étoient les enfants qui honoroient véritablement leurs parents.

Aujourd'hui, répondit Confucius, on croit que ceux qui les nourrissent sont ceux qui les honorent le mieux ; mais ces mêmes enfants nourrissent aussi des chiens & des chevaux : s'ils ne rendent point les hommages extérieurs qu'ils doivent à leurs parents ; si leur cœur n'est pas pénétré du respect que ces hommages expriment, quelle différence trouvez-vous entre le sort des parents & celui des chiens & des chevaux ?

11. Le disciple Tsu-Hia demandoit à Confucius comment un fils devoit honorer ses parents.

Confucius lui répondit : Avoir le visage serein dans tout ce que l'on fait pour ses parents, est, ce me semble, le plus essentiel & le plus difficile des devoirs. Un fils ou un frere cadet peut travailler pour ſon pere & pour ſon frere aîné ; il peut, s'il eſt riche, les traiter magnifiquement & ſomptueuſement : mais penſez-vous que cela ſuffiſe pour le mettre au nombre de ceux qui honorent véritablement leurs parents ?

On peut, dit le commentateur, feindre ce zele & cet amour ; mais on ne peut feindre la ſérénité de ſa phyſionomie, & c'eſt pour cela qu'elle eſt le plus difficile dans l'accompliſsement des devoirs envers les parents.

12. Je m'entretiens ſouvent des jours entiers avec mon diſciple Yen-Hoï ſur ce qui concerne les regles & les principes de la ſageſse ; il ſem-

ble m'écouter ſtupidement, & ne me fait pas la moindre queſtion ni la moindre difficulté : je l'examine ſecrètement lorſqu'il me quitte ; je vois qu'il pratique parfaitement tout ce que je lui ai enſeigné ; & je dis en moi-même, mon diſciple Yen-Hoï n'eſt certainement ni ſtupide ni ignorant.

13. Voulez-vous ſavoir ſi un homme eſt ſage ou non ? voyez ce qu'il fait ; s'il fait mal, le voilà jugé, vous ſavez ce qu'il eſt ; s'il fait bien, examinez pour quelle fin il le fait ; tâchez enſuite de découvrir ce qu'il aime & ce qui lui plaît : croyez-vous qu'en l'examinant ainſi il puiſse ſe cacher & n'être pas connu, quel qu'il ſoit ?

14. Celui qui après avoir appris

une ſcience s'en occupe continuellement, & y fait ſans ceſſe de nouveaux progrès, peut l'enſeigner avec gloire & avec ſuccès.

15. Le ſage n'eſt point comme un vaſe qui n'a qu'une utilité & qui n'eſt que de peu d'uſage.

16. Tſum-Kum diſoit à Confucius ſon maître : Que faut-il qu'un homme qui aſpire à la ſageſſe faſſe pour y arriver ?

Qu'il commence par faire ce qu'il veut dire, & qu'il ne ſe permette de parler qu'après avoir agi.

Confucius fit cette réponſe à Tſu-Kum, parcequ'il étoit un diſcoureur qui étaloit faſtueuſement de belles maximes qu'il ne ſuivoit pas.

17. L'amour du ſage pour les

hommes eſt univerſel, & non circonſcrit ou particulier : celui de l'inſensé eſt toujours particulier & jamais général.

18. Celui qui ne s'efforce pas d'approfondir ce qu'il a appris, reſte toujours ignorant ; & celui qui ne pratique pas ce qu'il a approfondi, eſt toujours inquiet & perplexe.

19. Ceux qui entreprennent de fonder des ſectes vicieuſes & corruptrices, ſe préparent bien des maux.

L'interprete prétend qu'il faut entendre par ces ſectes corruptrices celle de certains dogmatiſtes anciens, tels que Tam-Chu & Mé-Tié, les ſectes modernes des bonzes Ho-Kam & Tao-Lu ; il ne veut pas que l'on enſeigne d'autre doctrine que celle que l'on a reçue des anciens ſages, qui n'a pour objet que de rétablir l'empire de la droite raiſon, la droiture du cœur & l'honnêteté des mœurs.

Les principes de cette doctrine ſe réduiſent aux devoirs réciproques du prince & du ſujet, du pere & du fils, du mari & de la femme, du plus âgé & du plus jeune, de l'ami envers ſon ami.

Les vertus qu'elle inſpire ſont la piété, l'équité, l'honnêteté, la prudence & la vérité.

Ses diſciples ſont les lettrés, les laboureurs, les artiſans, les marchands.

Ses moyens ſont les rites, la muſique, les loix, les punitions.

Son utilité eſt de régler les mœurs

de chacun de ſes diſciples, de former des hommes capables de gouverner les autres, de faire régner la paix entre les peuples, & de conſerver la patrie.

20. Mon cher Tſu-Lu, diſoit Confucius, voulez-vous que je vous apprenne le véritable art de ſavoir ? faites voir que vous ſavez ce que vous ſavez, & que vous ne ſavez pas ce que vous ne ſavez pas. Voilà ce que j'appelle ſavoir véritablement.

Confucius parloit ainſi à Tſu-Lu, parcequ'il prétendoit quelquefois faire voir qu'il ſavoit & qu'en effet il ne ſavoit pas.

21. Tſu-Cham fréquentoit l'école de Confucius pour ſe mettre en état de parvenir aux dignités, & voici

les principes que lui donnoit ſon maître.

22. Écoutez beaucoup, & rejettez tout ce qui eſt douteux ; ne parlez du reſte qu'avec prudence ; par ce moyen vous vous tromperez peu : examinez beaucoup, évitez & écartez tout ce qui eſt dangereux ; faites avec exactitude tout ce que vous vous permettrez, ou que vous devrez faire ; par ce moyen vous aurez peu de ſujets de vous repentir : or celui qui ſe reproche peu d'erreurs dans ſes diſcours & peu de fautes dans ſa conduite, eſt dans la route qui conduit aux dignités.

23. Ngai-Kum, roi de Lu, demandoit un jour à Confucius ce qu'un roi devoit faire pour avoir des peuples ſoumis & fideles.

Le voici, répondit Confucius : Qu'il éleve aux charges les hommes justes & droits ; qu'il écarte de tout office les hommes pervers ; & bientôt les peuples seront soumis & fideles : mais qu'il n'attende ni soumission ni fidélité de ses peuples s'il éleve aux charges des hommes pervers, & s'il en éloigne les hommes justes & honnêtes.

24. Ki-Kam, premier ministre du royaume de Lu, dit à Confucius : Le prince voudroit que ses peuples eussent pour lui le respect & la vénération qu'ils lui doivent ; que chacun dans sa place & dans son état remplît ses devoirs, & que tous s'excitassent & s'encourageassent réciproquement à la vertu : par quels moyens peut-il produire cet heureux effet ?

Qu'il gouverne ſes peuples avec une gravité modeſte, répondit Confucius, & bientôt les peuples auront pour lui la vénération & le reſpect qui lui ſont dus : qu'il honore & qu'il reſpecte ſes parents ; qu'il ſoit compatiſsant & miſéricordieux pour tous, & les peuples rempliront exactement leurs devoirs : qu'il éleve aux dignités les hommes de bien ; qu'il écarte les méchants, & il verra bientôt dans ſon peuple une émulation vive & générale pour la vertu.

25. Un quidam diſoit à Confucius : Maître, pourquoi ne rempliſsez-vous pas quelque charge ? pourquoi n'entrez-vous pas dans l'adminiſtration ?

26. Confucius lui dit : Avez-vous

lu ce que le Chu-king dit du devoir des enfants envers leurs parents? L'empereur Chin-Vam, après la mort de Chen-Kum son oncle paternel & son premier ministre, manda Kium-Chin, homme d'une grande sagesse, & lui parla ainsi: « Je connois combien vous rem- « plissez fidèlement tous vos de- « voirs envers vos parents; com- « ment, par le moyen de votre pié- « té filiale & de votre bienveillance « envers vos freres, vous avez éta- « bli un bon gouvernement dans « votre maison; je juge que vous « êtes très capable de traiter les af- « faires publiques, & de présider à « l'administration de l'empire ». (Chu-king, t. 6, c. Kium-Chin.)

Voilà, ajouta Confucius, ce que

dit le Chu-king. Si donc c'est une vraie administration que de remplir les devoirs de la piété filiale & de la tendresse fraternelle, qu'ai-je besoin, je vous prie, d'une charge pour exercer un ministere ?

27. Confucius disoit : Je ne sais à quoi peut être bon un homme qui n'aime ni ne connoît la vérité : car si un grand char n'a pas de timon pour y attacher les bœufs, ni un petit char une traverse pour tenir les chevaux unis, comment pourra-t-on s'en servir pour se transporter ?

28. Tsu-Cham demandoit à Confucius si on pouvoit prévoir ce qui devoit arriver dans les dix regnes suivants.

29. Pour savoir ce qui arrivera,

lui dit Confucius, voyez ce qui eſt arrivé.

La famille des Hia régna plus de quatre cents ans; la famille des Yu lui ſuccéda, & ſe conforma entièrement à la premiere pour les rites & les loix fondamentales de l'empire ſans y rien changer. On peut ſavoir les petits changements qu'elle fit dans quelques ſtatuts particuliers, ou par rapport à quelques coutumes, telles que celles qui concernent la maniere de ſe vêtir, ou le commencement de l'année.

La famille des Yu fut remplacée par la famille des Cheu, qui ſe conforma à la famille des Yu pour les rites & pour les loix fondamentales de l'empire, ſans y rien changer.

On ſait auſſi les changements qu'elle fit par rapport aux réglements particuliers, ou à quelques coutumes. Si une autre dynaſtie ſuccede à celle ſous laquelle nous vivons, on peut, par le paſſé, juger de ce qui arrivera, non ſeulement dans dix, mais encore dans cent dynaſties.

30. Celui qui fait un ſacrifice à quelque eſprit lorſqu'il n'y eſt pas obligé, ne veut pas honorer l'eſprit, mais le flatter & l'aduler.

31. Ne pas faire ce que l'on reconnoît juſte, c'eſt être ſans force.

ARTICLE III.

Des rites concernant le culte des parents morts, du culte des esprits, des loix impériales, de la musique.

1. DANS l'antiquité on avoit prescrit pour chaque condition le nombre des danses & des danseurs; huit danses pour l'empereur, & huit personnes pour chaque danse, par conséquent soixante & quatre personnes en tout; six danses pour les rois du premier ordre, & six personnes pour chaque danse; pour les princes & pour les ministres quatre danses & quatre danseurs à chaque danse; deux danses pour les lettrés, & deux danseurs pour chaque danse;

on ne leur permettoit même que de battre le tambour & de pincer la guitare.

2. Aujourd'hui parceque le prince Chin-Kum, aïeul de l'empereur Chim-Vam, avoit rendu de grands ſervices à l'empire, l'empereur Chim-Vam permit que les rois du royaume de Lu rendiſsent au prince Chin-Kum, fondateur du royaume de Lu, les honneurs funebres comme on les rend aux empereurs.

Dans la ſuite les rois de Lu, par un abus condamnable, ont rendu à leurs autres ancêtres les honneurs funéraires comme au fondateur du royaume.

Le miniſtre Ki, qui deſcendoit d'un roi de Lu, a rendu les honneurs funebres à ſes parents ſelon les rites preſcrits par les empereurs.

Confucius, indigné de l'orgueil du miniſtre Ki, diſoit : Ce monſieur Ki, quoiqu'il n'ait que le titre de gouverneur, cependant lorſqu'il rend à ſes ancêtres les honneurs accoutumés, il ſe permet huit danſes & huit danſeurs à chaque danſe : ce qui eſt contraire aux rites. Si l'on tolere cette violation des rites, que l'on me diſe quelle eſt la faute ou l'abus que l'on ne doit pas pardonner.

Il condamnoit avec la même ſévérité trois familles qui, parce-qu'elles deſcendoient des rois, faiſoient chanter dans les cérémonies des ancêtres une ode que l'on chantoit pour les ancêtres des empereurs, & qui diſoit que les rois &

les princes étoient venus de toutes les parties de la Chine pour aſſiſter aux cérémonies des ancêtres de l'empereur.

Comment, diſoit Confucius, peut-on chanter cette ode dans une ſalle où il n'y a point de rois, mais ſeulement un gouverneur & un ſous-gouverneur?

3. A quoi ſervent la muſique & les rites pour honorer les autres, lorſque celui qui les pratique eſt ſans piété?

4. Un habitant du royaume de Lu, à la vue du luxe & du faſte qui régnoit dans les cérémonies & dans les devoirs de l'urbanité, ſoupçonnoit que l'on s'étoit écarté de l'inſtitution primitive, & demanda à Confucius en quoi conſiſtoit vérita-

blement la nature, l'eſprit, l'objet des rites & des civilités.

Vous me faites une queſtion importante, répondit Confucius. On peut diſtinguer dans les rites & dans les civilités la matiere & la forme : par exemple, dans l'antiquité on ne ſervoit ſur la table qu'un ſeul plat & une ſeule urne de vin ; voilà ce que j'appelle la matiere : dans la ſuite les empereurs trouvant cette maniere de vivre trop ſimple, ils ont fait ſervir pluſieurs plats & différents mets, ils ont multiplié les révérences, & voilà ce que l'on appelle la forme ou la décence extérieure.

On a fait les mêmes changements dans les funérailles & dans les devoirs que l'on rend aux morts.

Autrefois tous ces devoirs consistoient dans un deuil intérieur & dans des larmes sinceres : dans la suite on a imaginé des habits de deuil & certaines manieres de pleurer, de danser, &c. La vraie nature des rites consiste dans ces deux choses ; mais à mesure que les mœurs se sont dépravées, on s'est dispensé de l'intérieur, & l'on s'est contenté de l'extérieur : quant à moi, j'estime beaucoup plus une sage économie dans les repas pour les morts qu'une folle prodigalité ; & la douleur intérieure que l'on ressent à la mort d'un parent, que l'appareil du deuil que l'on étale.

5. Hélas ! le gouvernement des étrangers me paroît préférable à la confusion que je vois aujourd'hui

dans les rites & dans les dignités.

Les ſeuls rois pouvoient offrir le culte cy aux montagnes.

6. Tay-Kam eſt une des cinq plus hautes montagnes de la Chine, ſituée dans la province des Kam-Tum. Ki-Sum, premier miniſtre du royaume de Lu, vouloit offrir le ſacrifice cy à l'eſprit de cette montagne Or les rois ſeuls pouvoient offrir ce ſacrifice, & ne pouvoient l'offrir qu'aux eſprits des montagnes ſituées dans leurs royaumes. Confucius trouvoit donc le projet du miniſtre Ki contraire aux regles, & vouloit engager Hen-Kien, ſous-miniſtre de Ki-Sum, à ne pas offrir ce ſacrifice; mais le ſous-miniſtre s'en excuſa, diſant que Ki-Sum étoit opiniâtrément & irrévocable-

ment déterminé à l'offrir. Que cet entêtement eſt déplorable! dit Confucius. Ki-Sum penſe-t-il que l'eſprit de la montagne Tay-Kan eſt moins pénétrant que Lia-Fan qui ſavoit bien les rites? Peut-il ſe perſuader qu'il agréera un culte offert par l'adulation?

7. Il n'y a ni rixes ni altercations entre les ſages : ſi cependant vous voulez voir entre eux une apparence d'altercation, allez les voir dans l'exercice du javelot. Chacun d'eux engage ſon compagnon à monter ſur l'eſtrade d'où l'on lance le javelot; & après lui avoir proposé trois fois inutilement de monter, ils montent deux à deux : ils redeſcendent de même; & lorſqu'ils ſont deſcendus, les vainqueurs ſaluent

les autres, les engagent à recommencer ; & un verre de vin que les vainqueurs verſent aux vaincus eſt tout le prix de la victoire, & la ſeule mortification de ne l'avoir pas remportée. Voilà, diſoit Confucius, quelles ſont les altercations & les querelles des ſages.

8. Tſu-Hiu demandoit à Confucius comment on expliquoit une ſtrophe du livre des poéſies, qui dit : « Un rire gracieux ſur une « bouche aimable, une belle cou- « leur dans des yeux brillants, quel « riche ſujet pour la peinture ! »

9. Pour faire une belle peinture, répondit Confucius, il faut que la matiere exiſte, & qu'elle ſoit ſuſceptible d'être peinte.

10. Cela ne ſignifie-t-il pas,

ajouta Tſu-Hiu, que les devoirs extérieurs des rites & des urbanités préſuppoſent la droiture intérieure du cœur?

C'eſt cela même, répondit Confucius, mon cher Tſu-Hiu; vous pouvez maintenant expliquer les ſens cachés du livre des poéſies.

11. Confucius ſouhaitoit ardemment que l'on prît pour modele les loix & le gouvernement de la dynaſtie des Hia, des Yu & des Cheu, fondées par Yu, par Chun-Tam, & par Ven-Vam & Vu-Vam. Je pourrois, diſoit-il, rapporter facilement une grande partie des loix & des rites de la dynaſtie des Hia; mais le témoignage de Ki, où les deſcendants de cette dynaſtie regnent, ne ſuffit pas pour prouver la vérité de

ce que je dirois aux hommes de notre temps. Je ſais auſſi une grande partie des loix & des rites de la dynaſtie des Yu ; mais pour que les hommes d'aujourd'hui & la poſtérité ajoutent foi à ce que je dirois, il faudroit le témoignage du royaume de Sun où la poſtérité d'Yu regne encore : mais comme les annales de ces premiers rites & de ces premieres loix ne ſubſiſtent plus, & que les livres des anciens ſages miniſtres n'y ſubſiſtent plus, ou ſont oubliés & défigurés, ils ne ſont pas ſuffiſants pour perſuader la vérité & l'authenticité de ces loix ; car ſi tels qu'ils ſont ils ſuffiſoient, je pourrois étayer ma doctrine de leur témoignage.

12. Autrefois les empereurs de la

Chine, pour conſerver éternellement la mémoire du fondateur de leur famille, & pour lui rendre à jamais les devoirs de la piété filiale, faiſoient élever une ſalle des ancêtres, dans laquelle tous les cinq ans ils rendoient avec la plus grande ſolemnité le culte preſcrit par les rites au fondateur de leur maiſon. Au milieu de la ſalle étoit un ſiege vuide; à l'oppoſite au midi étoit la table de bois du fondateur, ſur laquelle ſon nom étoit écrit. Cette cérémonie ou ce culte ſe nommoit *li*, & il n'étoit permis qu'aux empereurs de le rendre à leurs ancêtres.

L'empereur Chim-Vam permit cependant aux rois de Lu de rendre ce culte à Chen-Kum comme fondateur de leur maiſon, & à Ven-Vam comme à un de leurs anciens empereurs. Dans la ſuite ils ſuivoient ce rit dans le culte qu'ils rendoient à tous leurs parents morts, quoique cette faveur ne leur eût été accordée que pour Chen-Kum.

Confucius déſapprouvoit cet abus, & diſoit : Je me trouve comme les autres tous les cinq ans à cette cérémonie, & elle offre un ſpectacle intéreſſant par l'ordre qui y regne & par le reſpect de tous les aſſiſtants, juſqu'aux neuf offrandes ou aux neuf effuſions du vin aromatique ; mais la négligence & le déſordre avec lequel tout le reſte ſe fait, me déplaît beaucoup.

13. Un particulier pria Confucius de lui expliquer les rites de cette

cérémonie : mais comme elle étoit le témoignage le plus auguſte de la reconnoiſſance des deſcendants pour leurs ancêtres, de maniere que les rites ne la permettoient qu'aux empereurs, les rois de Lu, en la pratiquant, violoient les rites ; Confucius, perſuadé qu'il devoit jetter un voile ſur la faute de ſes rois, dit qu'il ne pouvoit ſatisfaire à la queſtion qu'on lui faiſoit, & que celui qui pourroit expliquer profondément cette cérémonie, pourroit gouverner tout l'empire auſſi facilement qu'il regarderoit ſa main.

14. Lorſque Confucius rendoit ſes devoirs à ſes ancêtres, ou ſon culte aux eſprits, il étoit pénétré du même reſpect que s'il les avoit vus de ſes yeux ; & il avoit coutume de

dire : Lorſque je charge un autre de remplir ces devoirs, il me ſemble que je n'y ai pas ſatisfait.

15. L'eſprit du foyer, dit l'interprete chinois, eſt un des cinq eſprits de la maiſon auxquels on rend le culte *cy*, & c'étoit dans l'été qu'on s'en acquittoit. Et voici en quoi conſiſtoit le culte de ces cinq eſprits. Premièrement on le rendoit dans le lieu de la maiſon conſacré à l'eſprit, devant une tablette ou un morceau de papier ſur lequel étoit écrit le nom de l'eſprit : par exemple, ſi on rendoit ce culte à l'eſprit du foyer, on le lui rendoit dans la cuiſine à l'embouchure du four & devant ſon nom ; enſuite on plaçoit à l'angle de la chambre un enfant revêtu d'un habit de théâtre, auquel on

offroit les mets que l'on avoit déja offerts à l'esprit du foyer. Quoique l'esprit de la chambre fût regardé comme supérieur en dignité, cependant l'autre paroissoit plus utile, & c'étoit pour cela que l'on comparoit le roi à l'esprit de la chambre & les ministres à l'esprit du foyer : ce qui avoit donné lieu à un proverbe, *il vaut mieux servir ou flatter l'esprit du foyer que l'esprit de l'angle de la chambre.*

Vam-Sun-Kia, premier ministre du royaume de Guéi, croyant que Confucius s'y étoit rendu pour y obtenir une charge, lui dit en plaisantant : *Il vaut mieux servir ou flatter l'esprit du foyer que l'esprit de l'angle de la chambre.*

16. Non, lui dit Confucius qui

avoit ſenti la raillerie; il n'y a que le ciel qui ſoit au-deſsus de tout par la majeſté & par le reſpect. Si vous parlez contre le ciel, aucun interceſseur ne peut vous garantir de la peine que vous avez méritée, & vous invoquerez auſſi inutilement l'eſprit du foyer que l'eſprit de l'angle de la chambre

17. Les trois premiers empereurs de la dynaſtie de Cheu examinerent ce qu'il y avoit de défectueux dans les loix ou dans les rites ſous la dynaſtie des Hia & des Vam, & formerent le plus beau plan de gouvernement poſſible. Voilà pourquoi j'ai pour leur gouvernement un ſi profond reſpect, diſoit Confucius.

18. Confucius étant entré avec les miniſtres dans la ſalle des ancêtres

du prince Chen-Kum, & voyant beaucoup de vaſes précieux, de coupes d'or, &c. demandoit quel étoit l'uſage de chacun & le nom de celui qui les avoit faits Comment peut-on dire que Confucius ſait les rites ? dit un particulier qui l'écoutoit.

La vraie ſcience des rites conſiſte à ne les pas violer, répliqua Confucius.

19. Lorſqu'on s'exerçoit à lancer le javelot, on mettoit pour but la peau de différentes bêtes féroces, ſelon la qualité des perſonnes; pour l'empereur c'étoit une peau d'ours; pour les rois, celle d'un cerf; pour les gouverneurs, celle d'un tigre; pour les lettrés, la peau d'un ſanglier. Pour tirer, l'empereur ſe plaçoit à

cent vingt pas, le roi à quatre-vingt-dix, le miniſtre ou le gouverneur à ſoixante & dix, les lettrés à cinquante, afin de marquer les différents degrés de puiſsance ou de juriſdiction.

Confucius, faiſant alluſion à cet uſage, diſoit : Dans les loix que le livre des rites preſcrit pour l'exercice du javelot, il eſt dit : L'art de lancer le javelot ne conſiſte pas à percer la peau, mais à toucher au but. Telles étoient les loix de l'exercice du javelot lorſqu'on eſtimoit plus l'adreſse que la force.

20. Dans les premiers temps, vers le ſolſtice de l'hiver, l'empereur diſtribuoit le calendrier de l'année qui alloit commencer à tous les rois, qui le plaçoient dans la ſalle de leurs an-

cêtres; & le premier jour de chaque mois ils alloient leur rendre leurs hommages en leur offrant une chevre ou un mouton. Depuis longtemps les rois de Lu ne rendoient plus cet hommage; & cependant il y avoit un mandarin chargé de tenir prêt une chevre ou un mouton pour le premier de chaque mois.

Tſu-Kum vouloit que l'on retranchât les frais de la nourriture de la chevre & du mouton qui n'étoient jamais offerts.

21. Mon cher, lui dit Confucius, vous êtes fâché de voir une dépenſe inutile, & moi de la négligence qui la rend inutile. On ne préſente ni la chevre ni le mouton; mais tant qu'on les nourrira, on conſervera le ſouvenir du devoir auquel ils étoient deſtinés.

22. Lorſque je ſuis au ſervice d'un prince, je donne toute mon application à remplir les devoirs de l'urbanité, quoiqu'il y ait peut-être des gens qui croiront que je cherche à flatter le prince & à capter ſa bienveillance.

23. Tim-Kum, roi de Lu, demandoit un jour à Confucius comment on pouvoit engager un miniſtre à bien ſervir ſon prince.

Confucius répondit : Que le prince commande à ſes miniſtres avec humanité, & que le miniſtre exécute avec fidélité.

24. Le mode de la muſique de l'ode *quam in* me paroît très beau; il eſt réjouiſsant ſans être laſcif, & tendre ſans être lugubre: il eſt par conſéquent très propre à récréer & à toucher.

25. Autrefois il y avoit dans l'enceinte de la maiſon des ancêtres des empereurs un carré de terre de cinquante coudées : cette enceinte n'étoit que de vingt-cinq pour la maiſon des ancêtres des rois. Sur ce carré on plantoit une allée d'arbres : ce carré étoit formé par quatre murs de différentes couleurs ; le mur oriental étoit bleu ; celui du couchant étoit blanc ; celui du midi jaune, & celui du ſeptentrion noir. On avoit coutume d'offrir des ſacrifices dans cet eſpace à l'eſprit du canton & des fruits.

Ngai-Kum, roi de Lu, ayant demandé à Tſay-Ngo ce que ſignifioit ce ſacrifice que les empereurs & les rois offroient tous les ans à l'eſprit du pays & des biens de la terre, Tſay-Ngo répondit : Les anciens empereurs avoient planté différentes eſpeces d'arbres ; ſous les Hia il étoit planté de pins, de cyprès ; ſous les Iu, & aujourd hui ſous les Cheu, il eſt planté de châtaigniers, à ce qu'on dit, pour imprimer de la terreur au peuple.

Il étoit cependant vrai qu'en plantant ces arbres on ne s'étoit proposé que d'orner cette place. Auſſi la réponſe de Tſay-Ngo n'étoit pas juſte.

26. Confucius, ſurpris de la réponſe qu'il avoit faite, en fut mécontent, & lui dit : Vous avez certainement fait une réponſe admirable ; mais comme c'eſt une choſe faite, je ne vous en dirai rien ; comme elle a produit ſon effet, je ne vous

donnerai point d'avertiſsement; enfin comme c'eſt une choſe paſsée, je ne vous reprocherai point votre faute.

27. Dans le temps que l'empire étoit troublé par des guerres & des dissentions, Vam-Kum, roi de Cy, entreprit de ſoutenir l'autorité de la famille impériale, & d'engager par perſuaſion, ou d'obliger par force, tous les autres rois à rentrer dans leur devoir. Il réuſſit, & il dut en grande partie ſon ſuccès aux conſeils, aux peines & à l'adreſse de ſon miniſtre, qui, par ce moyen, acquit une grande réputation, mais qui n'avoit eu pour motif que ſon utilité, d'augmenter ſon crédit ou d'acquérir de la célébrité, & non l'amour de la vertu & de la ſageſse.

Confucius, en parlant de ce ministre, disoit : Cet homme est, selon moi, un bien petit vase.

28. Mais, dit un partisan du ministre, le regardez-vous comme un petit vase parcequ'il étoit économe & parcimonieux ?

Certainement, reprit Confucius, il étoit économe & parcimonieux, car il avoit avec des frais immenses élevé une hauteur uniquement pour son plaisir ; & ses commis aussi bien que les intendants de sa maison n'avoient chacun qu'une fonction. Voilà son économie & sa parcimonie.

29. Mais au moins, reprit l'apologiste, puisqu'il est magnifique & libéral, vous conviendrez qu'il a la science des rites.

Sans doute, dit Confucius ; car quoiqu'il ne ſoit que gouverneur, on le ſert à table comme s'il étoit roi, & ſa maiſon eſt ſemblable aux palais des rois. Si c'eſt là ce que l'on appelle avoir la ſcience des rites, à qui pourra-t-on déſormais reprocher de les ignorer ?

30. Confucius avoit appris la muſique dans le royaume de Guéi. De retour dans le royaume de Lu, ſa patrie, où la muſique étoit preſque abſolument ignorée, quoiqu'il y eût un premier miniſtre de la muſique, il alla voir ce premier miniſtre, & lui dit : La charge que vous rempliſsez ne permet pas de douter que vous ne ſachiez la muſique : croyez-vous qu'on ne puiſse pas la rétablir aujourd'hui telle qu'elle é-

toit ſous les anciens empereurs ? Avant de commencer, on accordoit parfaitement les huit flûtes directrices, les cinq eſpeces de voix & les huit inſtruments : lorſqu'on avoit commencé, tous, tant les voix que les inſtruments, ſuivoient avec préciſion chacun au moment & dans l'ordre qui leur étoit marqué juſqu'à la fin, de maniere que toute l'harmonie étoit liée & ne formoit qu'un tout parfait.

31. Lorſque Confucius vit le trouble & la diſsention s'élever dans ſa patrie, il en ſortit, & erroit dans les contrées voiſines. Le gouverneur de la ville d'Y voulut le voir : Il n'a paſsé ici aucun ſage que je n'aie ſalué, dit-il aux diſciples de Confucius : je deſire de voir & d'entrete-

nir votre maître. Confucius le reçut. Le gouverneur en ſortant dit aux diſciples de Confucius : Pourquoi donc êtes-vous fâchés que votre maître erre comme un exilé de contrée en contrée, & qu'il ne ſoit point élevé aux dignités ? Il y a long-temps que la vertu même eſt exilée ſur la terre, & que l'empire eſt ſans loix, ſans ordre & ſans diſcipline : mais ſoyez sûrs que votre maître eſt deſtiné par le ciel à remplir la plus grande de toutes les magiſtratures ; il rétablira l'ancien gouvernement, & rappellera les loix, la vertu, la regle, bannies depuis ſi long-temps ; je le vois comme la cloche dont ſe ſervent les gouverneurs lorſqu'ils publient les loix, ou qu'ils aſſemblent le peuple pour l'inſtruire ſur les mœurs & ſur la vertu.

32. Confucius diſoit : La muſique de Xun (ou Chun) eſt très belle, très élégante & très conforme aux regles de l'art ; elle eſt encore très bonne, & me ſemble avoir atteint le dernier degré de la perfection, parcequ'avec tous ces avantages elle inſpire la douceur, la bienfaiſance, la modeſtie & la ſageſse. La muſique de l'empereur Vu-Vam eſt auſſi très belle, très ornée, & d'une compoſition réguliere ; mais elle n'a, ce me ſemble, pas atteint le degré de la perfection : elle eſt deſtinée à célébrer les exploits des guerriers, qui ont néceſsairement beaucoup de choſes à ſe reprocher par rapport aux vertus que la muſique de Xun inſpire.

33. Que trouve-t-on à louer dans celui qui ne montre ni magnanimité dans l'exercice de ſa charge, ni ſentiment de vénération dans la pratique des devoirs de l'urbanité, ni douleur dans les cérémonies funéraires ?

ARTICLE IV.

Différence de l'homme pieux avec celui qui ne l'eſt pas ; du ſage & de celui qui ne l'eſt pas. Conduite & devoirs du ſage. Devoirs d'un fils envers ſes parents.

1. RIEN n'honore une ville & ne lui concilie la conſidération autant que la piété mutuelle, la bienveillance & la concorde de ses citoyens. Peut-on regarder comme un hom-

me prudent celui qui, n'ayant point de domicile, ne s'y établit pas ?

2. Un homme ſans piété ne peut ſupporter long-temps ni la bonne ni la mauvaiſe fortune : il eſt arrogant, gourmand & débauché dans la premiere; & dans la ſeconde il s'abandonne à l'impatience, à la colere, aux larcins, aux brigandages. Les jours de l'homme pieux coulent doucement dans la piété : ainſi l'homme véritablement prudent deſire ardemment la piété.

3. Il n'y a que l'homme pieux & droit qui puiſse bien aimer & bien haïr.

4. Celui qui eſt déterminé fermement à ſuivre la piété & la droiture du cœur, peut éviter le crime.

5. Les hommes ne desirent rien si ardemment que les honneurs & les richesses ; mais le sage les rejette au moment où il voit qu'on ne les obtient que par des moyens qu'il n'est pas permis d'employer.

Les hommes n'ont ordinairement pour rien autant d'aversion & d'horreur que pour le mépris & pour la pauvreté ; mais le sage se résigne sans peine à l'un & à l'autre s'il ne les a pas mérités.

6. Si le sage renonçoit à la piété & à la droiture du cœur, comment pourroit-il s'élever à la grande & sublime perfection du grand nom qu'il porte ?

7. Il faut au contraire qu'il s'applique tellement à conserver la piété & la droiture du cœur, qu'il ne

l'oublie ni ne s'en écarte pas même pendant le repas; enfin il faut qu'il marche d'un pas ferme & inébranlable dans le chemin de la droiture du cœur & de la piété, soit qu'il éprouve des malheurs imprévus qui le réduisent aux plus fâcheuses extrémités, soit que le malheur ou la mauvaise fortune semblent le poursuivre avec acharnement.

8. Je n'ai point encore vu de parfait amateur de la piété qui n'ait haï parfaitement ce qui est honteux, parceque l'amour parfait de la piété est tel qu'on n'y peut rien ajouter; & celui qui hait parfaitement ce qui est honteux, doit tellement suivre les loix de la piété, que l'on ne puisse découvrir en lui rien de honteux.

9. Mais y a-t-il quelqu'un qui ne puiſse employer toutes les forces de ſon eſprit, au moins pendant un jour, à l'acquiſition de la piété ? Je n'ai point encore vu d'homme qui n'eût des forces ſuffiſantes pour cette entrepriſe ; & s'il en eſt de tels, j'avoue que je ne les connois pas.

10. Les fautes des hommes ſont ordinairement analogues à leur caractere. Par exemple, les fautes de l'homme pieux ſont des excès de bienveillance & de gratitude ; les fautes des méchants, au contraire, ſont des excès de haine & d'ingratitude. Ainſi en examinant les fautes d'un homme, vous connoîtrez s'il eſt pieux ou méchant.

11. Celui qui a appris le matin

la maniere de bien vivre, peut mourir tranquillement le ſoir.

12. Si, après avoir formé le projet de bien vivre, un homme rougit de porter des habits groſſiers & de ſe nourrir d'aliments communs, certainement il n'eſt pas propre à recevoir la ſcience ſublime de bien vivre.

13. Dans aucune des choſes du monde, le ſage ne décide point qu'il fera ou ne fera pas ceci ou cela; il n'a qu'une réſolution, qui eſt de ſuivre en tout temps les regles de l'équité.

14. Le ſage ne s'occupe que de la beauté de la vertu, & l'inſenſé de l'agrément & de la commodité de ſon habitation. Le ſage ne s'occupe que des loix du royaume,

& l'inſenſé que des richesses.

15. Quiconque n'eſt occupé que de ſes intérêts, s'attire la haine de beaucoup de monde.

16. Un roi qui gouverne ſon royaume avec douceur & avec modeſtie, peut-il éprouver des difficultés ? Mais à quoi ſert, pour bien gouverner, la fauſse honnêteté, la fauſse douceur & la fauſse modeſtie ?

17. Le ſage n'eſt point fâché d'être privé des dignités, mais des qualités néceſsaires pour les remplir : il n'eſt point fâché d'être ignoré des autres, & s'applique à acquérir ce qui peut le faire connoître.

18. Tſem-Tſu s'appliquoit beaucoup à la doctrine de Confucius ;

mais comme il n'en avoit pas bien ſaiſi le principe, Confucius lui dit un jour : Mon cher Tſu, comme pluſieurs ruiſseaux ſortent de la même ſource & pluſieurs branches du même tronc, tous mes préceptes relativement à la ſageſſe coulent d'un ſeul principe, & n'en ſont que le développement. Tſem-Tſu ſaiſit ſur-le-champ la penſée de Confucius, & lui dit : Cela eſt vrai.

19. Les autres diſciples, qui n'avoient pas auſſi bien compris la penſée de Confucius, demanderent à Tſem-Tſu quel étoit ce principe. Le voici, répondit-il : Rempliſſez vos obligations, & meſurez les autres ſur vous-mêmes.

20. Le ſage eſt habile dans la connoiſſance des regles de l'équité,

& l'insensé dans les choses qui peuvent lui être utiles.

21. Lorsque le sage voit les vertus des sages, il desire de les posséder; & lorsqu'il apperçoit les vices des insensés, il s'examine pour voir s'il ne les a pas lui-même.

22. Si un fils respectueux & soumis voit que son pere ou sa mere commettent quelque faute, il essaie avec la plus grande circonspection & la plus grande douceur possible des especes d'avis, & ne diminue rien de son respect ni de sa soumission; s'il n'est pas écouté, il ne se permet pas même le plus petit mouvement d'impatience ou de colere lorsqu'ils le gourmandent, le maltraitent ou lui commandent des travaux excessifs.

23. Tant que le pere & la mere vivent, le fils ne doit point s'éloigner aſsez pour ne pas leur rendre le matin & le ſoir, l'hiver & l'été, les devoirs de reſpect & de ſoumiſsion; & ſi quelque raiſon l'oblige de s'éloigner, il faut qu'il les informe de ſon départ & du lieu où il va.

24. On peut regarder comme un fils ſoumis celui qui, pendant les trois ans de deuil, conſerve la maniere de vivre de ſon pere.

25. Il faut qu'un fils ſache l'âge de ſon pere & de ſa mere pour ſe réjouir de leur longue vie & pour s'affliger de leur caducité.

26. Les anciens ſages parloient très peu, parcequ'ils craignoient de rougir ſi leur conduite n'étoit pas conforme à leurs diſcours.

27. On commet bien peu de fautes lorsque l'on est modéré en tout.

28. Le sage ne se presse pas de parler, mais d'agir.

29. La vertu n'est jamais seule, elle a toujours une foule de voisins.

30. Tsu-Yen, disciple de Confucius, disoit: Un ministre qui fatigue un roi par ses avis & par ses remontrances, s'attire des outrages. Un ami qui reprend mal à propos son ami, lui prescrit de se retirer.

ARTICLE V.

Des qualités, des vertus & des défauts de quelques uns des disciples de Confucius: de la difficulté de juger si les autres ont la piété ou la parfaite droiture du cœur.

1. CONFUCIUS disoit: Quoique

mon diſciple Kun-Ye-Cham ait été chargé de chaînes pour certaines affaires de l'état, je peux cependant lui donner ma fille en mariage; car il ne méritoit pas cet outrage, & c'eſt un effet de l'envie de ſes ennemis. En effet, Confucius lui donna ſa fille en mariage.

2. Il diſoit: Mon diſciple Nam-Yum aime véritablement la ſageſse: car tant que le bon gouvernement a été en vigueur dans le royaume, il a montré tant & de ſi belles vertus, qu'il a toujours été en charge; mais lorſque le mauvais gouvernement a prévalu, il s'eſt comporté avec tant de prudence, qu'il eſt échappé à tous les dangers, & n'a eſsuyé aucun malheur.

Les diſciples de Confucius diſent

que cette conſidération engagea leur maître à donner à ce diſciple en mariage la fille de ſon frere.

3. Parlant d'un autre diſciple nommé Tſu-Cieu, il diſoit : Où trouver un homme ſemblable à lui? Cependant s'il n'y avoit point eu de ſages dans notre royaume de Lu, qui l'auroit aidé? & comment eût-il pu s'élever à une vertu & à une ſageſse auſſi ſublime?

4. Et que penſez-vous de moi? dit Tſu-Kum en entendant cet éloge.

Les éleves de la ſageſse étant deſtinés au gouvernement, comme les vaſes au ſervice, je vous compare à un vaſe.

Et à quel vaſe?

Au vaſe d'onyx, dans lequel on

met le millet aux cérémonies des ancêtres.

5. On disoit un jour à Confucius : Votre disciple Gen-Yum a certainement une piété éminente; mais il n'est pas éloquent.

6. A quoi sert l'éloquence dans la carriere de la vertu ? Ces hommes vertueux, qui ont la facilité de répondre des mots à des mots qu'on leur dit, sont pour l'ordinaire fastidieux. Quant à la piété de Gen-Yum, je ne sais si elle est telle que vous le dites ; mais ce manque d'éloquence dont vous lui faites un reproche, est une des choses que j'estime le plus en lui. A quoi sert pour la piété, je vous prie, cette facilité de discourir & d'articuler des mots ?

7. Confucius, charmé des belles

qualités de ſon diſciple Cié-Tiao-Kay, vouloit l'engager à rechercher quelque magiſtrature.

Je ſuis bien éloigné de poſséder l'art de gouverner : il faut que j'étudie encore, répondit modeſtement le diſciple, & Confucius fut charmé de ſa réponſe.

8. Après avoir parcouru ſans fruit différentes provinces de l'empire pour y répandre ſa doctrine ſur l'art de bien vivre & de bien gouverner, Confucius diſoit en ſoupirant : Mon enſeignement ne produit aucun effet : faut-il donc que je m'embarque & que je paſse les mers ? Mais qui voudroit me ſuivre, ſi ce n'eſt mon diſciple Tſu-Lu ?

Le diſciple, voyant que Confucius parloit sérieusement, en tressaillit de joie.

Tsu-Lu, dit Confucius, est plus courageux que moi ; mais il n'a pas encore le discernement sûr de ce qu'on peut ou de ce qu'on ne peut pas entreprendre à propos.

9. Mem-Vu-Pé, premier ministre du royaume de Lu, voulant procurer au roi des sujets pour remplir les dignités, demanda à Confucius si son disciple Tsu-Lu avoit la piété, c'est-à-dire une parfaite droiture de cœur.

Je l'ignore, répondit Confucius.

10. Le ministre, qui ne pouvoit se le persuader, lui fit une seconde fois la même question.

Alors Confucius lui dit : Mon

diſciple Tſu-Lu eſt certainement doué d'un grand courage; & ſi on lui confioit toute la milice d'un royaume de cent ſtades, & qui met en campagne mille chariots de guerre, il ſeroit capable de la bien gouverner & de la bien conduire : mais je ne ſais s'il a la piété ou la parfaite droiture de cœur, parceque cette vertu eſt abſolument intérieure & réſide dans l'ame

11. Et votre diſciple Gen-Kieu ?

Il eſt doué de pluſieurs belles qualités, dit Confucius ; on peut lui confier & compter qu'il gouvernera également bien une ville de mille maiſons, ou la nombreuſe maiſon d'un premier miniſtre dont les domaines auroient dix ſtades d'étendue, & pourroient entretenir cent chars à la guerre : mais je ne ſais s'il a la piété ou la parfaite droiture du cœur.

12. Enfin, ajouta le miniſtre, que penſez-vous de votre diſciple Kum-Siché ?

Il ſait aſsez bien les rites, répondit Confucius ; ainſi il ſeroit très bon pour recevoir les ambaſsadeurs, & pourroit de plus les entretenir convenablement ſur les objets de leur ambaſsade : je crois donc qu'on pourroit lui confier cet emploi ; mais je ne peux vous répondre qu'il ſoit doué de la vertu de la piété ou d'une parfaite droiture de cœur.

13. Tſu-Kum, un des diſciples de Confucius, jugeoit les autres, & prononçoit hardiment ſur leurs talents & ſur leur mérite.

Mon cher, lui dit Confucius, quel eſt le plus habile de vous ou de Yen-Haéi ?

14. Comment oſerois-je élever mes regards juſqu'à Yen-Hoéi, & me comparer à lui ? répondit Tſu-Kum avec humilité. Il a reçu de la nature une ſi grande ſagacité, que dans les inſtructions que vous donnez il n'a pas plutôt entendu un principe, que ſur-le-champ il vole juſqu'à la dixieme conſéquence, tandis que je me traîne pour ainſi dire en rampant, & peux à peine en tirer une.

15. Vous avez très bien jugé, lui dit Confucius : je loue votre candeur ; je penſe comme vous, que vous n'égalez pas Yen-Hoéi.

16. Tſay-Yu dormoit quelque-

fois pendant que Confucius donnoit ſes leçons : le ſage ſe contenta de lui dire : Il ne faut ni travailler le bois pourri ni blanchir un mur de boue. A quoi donc ſerviroient les réprimandes que je ferois à Tſay-Yu ?

17. Autrefois, lorſque j'avois à traiter pour la premiere fois avec quelqu'un, je l'écoutois, & je croyois qu'il faiſoit tout ce qu'il diſoit : aujourd'hui j'écoute ce que l'on dit & j'examine ce que l'on fait ; & c'eſt Tſay-Yu qui a été l'occaſion de ce changement. Lorſqu'il vint à mes leçons, il proteſtoit qu'il vouloit ſe donner tout entier & ſans relâche à l'étude de la ſageſſe, & ce dormeur éternel n'a rien fait de ce qu'il diſoit.

18. Je n'ai point encore vu l'homme véritablement constant & courageux, disoit Confucius.

Quoi! lui dit un de ceux qui l'écoutoient, est-ce donc que votre disciple Xim-Chun n'est pas vraiment constant & courageux?

Peut-il l'être? reprit Confucius; il aime la volupté.

19. Dans un entretien de Confucius avec Tsu-Kum, celui-ci disoit: « Ce que je ne voudrois pas « qu'on me fît, je ne veux pas le « faire à un autre. »

Mon cher, lui dit Confucius, vous n'êtes pas encore à ce degré de perfection; tâchez d'y arriver.

20. Confucius ayant un jour parlé sur la nature & sur la loi du ciel, Y-Su-Kum, un de ses disci-

ples, dit : Il n'y a point de diſciple qui à chaque inſtant ne puiſse admirer la modeſtie, la gravité, l'éloquence de notre maître; mais qu'il eſt rare de l'entendre parler ſur la nature, ſur l'eſsence de la droite raiſon, ſur les deſseins & ſur les voies du ciel !

21. Auſſitôt que Tſu-Lu avoit entendu quelque précepte ou quelque maxime de conduite, il s'appliquoit uniquement à y conformer ſa conduite, & n'aimoit pas qu'on lui en proposât un autre, juſqu'à ce qu'il eût acquis la facilité de ſuivre le précepte ou la maxime qu'il venoit d'entendre.

22. C'étoit un uſage ancien chez les Chinois de donner aux princes ou aux hommes illuſtres, lorſqu'ils

étoient morts, un ſurnom plus ou moins honorable, ſelon la nature & le degré de leur vertu. Lorſque Kum-Yu, premier miniſtre du royaume de Goéi, fut mort, on lui donna le ſurnom de Ven, c'eſt-à-dire, *infatigable dans la recherche de la vérité.*

Comment a-t-on pu lui donner un ſi beau nom ? diſoit Tſu-Lu à Confucius.

Le miniſtre Kum-Yu, répondit Confucius, avoit de la ſagacité, de la pénétration & de la facilité ; cependant il ſe défioit de lui-même & de ſon eſprit, & s'appliquoit avec ardeur & ſans ceſse à l'étude des rites, des loix, des regles de la muſique, & des différentes parties de la ſcience de la ſageſse ; il rempliſsoit avec distinction l'éminente dignité de premier ministre ; & cependant il ne rougissoit pas de consulter ses inférieurs, & de leur demander leur sentiment sur les choses qui lui paroissoient douteuses. Je crois donc que c'est avec justice qu'on lui a donné le surnom de Ven.

23. Confucius, en parlant de Tsu-Cham, premier ministre du royaume de Chin, disoit : Cet excellent homme possédoit les quatre vertus qui constituent le sage ministre ; savoir, une modestie vénérable dans ses mœurs ; une exacte fidélité dans les affaires du roi ; une libéralité attentive & vigilante pour la subsistance du peuple, & une équité scrupuleuse dans le gouver-

nement de ceux qui lui étoient ſoumis.

24. Que Yen-Pim-Chun, cet excellent miniſtre du royaume de Cy, connoiſsoit bien les devoirs des amis & les loix de la ſociété ! Quelque ancienne que fût ſa liaiſon & ſa familiarité avec ſes amis, elle n'altéroit jamais ſon urbanité, ni ſa politeſse, ni ſes égards pour eux.

25. Tſum, miniſtre du royaume de Lu, eut après ſa mort le ſurnom de Ven-Kum, c'eſt-à-dire d'*homme prudent & prévoyant*.

A quel titre a-t-il donc été honoré de ce ſurnom ? diſoit Confucius. N'eſt-ce pas lui qui a fait bâtir une ſalle magnifique pour placer & pour conſerver cette grande tortue que l'on avoit trouvée dans le royaume de Tſay ? Les colonnes en étoient magnifiques, & les chapiteaux repréſentoient une eſpece de caverne : ſur les colonnes du ſecond ordre étoient tracées des herbes marécageuſes ; en ſorte que la grande tortue ſembloit être dans ſon habitation naturelle. Dites-moi, je vous prie, ſi l'on peut donner à un tel homme le ſurnom de *prudent & de prévoyant !*

26. Tſu-Kam, diſciple de Confucius, lui diſoit : Tſu-Ven, cet homme ſi célebre, a été trois fois premier miniſtre du royaume de Tſou ſans donner le moindre ſigne de joie ; trois fois on lui a ôté cette grande dignité ſans qu'il ait donné la moindre marque de triſteſse ou de mécontentement ; au contraire,

il a expliqué à ſon ſucceſseur toute ſon adminiſtration, & l'a mis au fait de l'état des affaires avec franchiſe, ſans jalouſie & ſans aucune réticence : que penſez-vous, je vous prie, de Tſu-Ven ?

Je penſe, répondit Confucius, qu'il fut un miniſtre fidele.

Mais croyez-vous qu'il fût pieux ? reprit Tſu-Cham.

Comme la piété, qui conſiſte dans la droiture du cœur, eſt cachée, répondit Confucius, je ne ſais s'il fut pieux : peut-on prononcer qu'un homme eſt droit & pieux ſur la ſeule apparence de ſes vertus ?

27. Mais, ajouta Tſu-Cham, que penſez-vous de Chin-Ven ? Lorſque Tſay, ce fameux premier miniſtre du royaume de Cy, eut

tué ſon prince, on ſe partagea ſur ce parricide : les uns diſoient qu'il avoit tâché de couvrir pluſieurs crimes par un plus grand ; d'autres gardoient le ſilence ; le ſeul Chin-Ven, premier miniſtre de ce royaume, renonça à ſa charge, abandonna ſes biens, & s'enfuit preſque ſeul hors de ſa patrie pour n'être pas ſoupçonné d'approuver le parricide. Arrivé dans un autre royaume, il y vit les miniſtres infideles. On trouve donc encore ici des Tſay! dit-il ; & ſur-le-champ il paſsa dans un autre royaume où il trouva encore des Tſay : il décampa pour ne pas reſter dans un royaume où le ſouverain n'avoit que des miniſtres perfides. Dites-moi, je vous prie, que penſez-vous de cet homme ?

Qu'il ne participe point aux crimes des autres, répondit Confucius.

Mais le croyez-vous pieux? dit Tſu-Cham.

La piété, reprit Confucius, eſt une vertu du cœur, elle y eſt cachée; & je ne peux pas dire ſi ce miniſtre fut pieux: peut-on accorder ce titre à un homme ſur la ſeule apparence de cette vertu?

28. On diſoit un jour que Ki-Ven, premier miniſtre du royaume de Lu, étoit tellement circonſpect, qu'il ne commençoit jamais une entrepriſe qu'après l'avoir examinée trois fois. Il me ſemble que deux ſuffiſoient, dit Confucius.

29. Lorſque le bon gouvernement fleuriſſoit dans le royaume de

Guéi, Kum, qui en étoit premier miniſtre, ne cachoit à perſonne les principes de ſa haute ſageſse, & les expliquoit ſavamment. Lorſque l'adminiſtration devenoit vicieuſe, & que le déſordre régnoit, il donnoit aux affaires le même ſoin, mais en diſant publiquement qu'il étoit très ignorant. On peut imiter Kum expoſant ſa doctrine & ſa ſcience; mais ſa ſage ignorance eſt au-deſsus des forces ordinaires.

30. Confucius, après avoir parcouru inutilement pluſieurs provinces pour y enſeigner ſa doctrine, étoit arrivé dans le royaume de Chin; & là accablé d'ennui, il diſoit en gémiſsant: Ne vaudroit-il pas mieux retourner dans ma patrie? J'y ai laiſsé pluſieurs diſciples qui

ont du courage & de la ſagacité ; il eſt vrai qu'ils veulent ſouvent entreprendre plus qu'ils ne peuvent ; & quoique leurs manieres brillantes ſemblent offrir la perfection extérieure des mœurs, cependant comme ils ne connoiſsent pas aſsez le vrai chemin du milieu immuable, ils paſsent ſouvent les bornes de leurs devoirs : ils ont encore beſoin d'inſtruction ; du moins ils pourront traſmettre ma doctrine.

31. Confucius diſoit : Les célebres Pé-Y & Xo-Cy, fils du roi de Kam-Cho, étoient rigides obſervateurs de l'exacte diſcipline ; cependant ils ne haïſsoient pas les méchants, mais leurs crimes, & les oublioient s'ils ſe corrigeoient. Par ce moyen leur ſévérité & leur exac-

titude n'irritoient point les autres.

32. Il y avoit dans le royaume de Lu un homme nommé Vy-Sem-Kao que l'on regardoit comme un modele de droiture & de ſincérité.

Je ne penſe pas ainſi, diſoit Confucius; car un particulier lui ayant demandé du vinaigre, Vy-Sem-Kao, au lieu de lui répondre qu'il n'en avoit point, lui donna à entendre qu'il en avoit, alla en demander à ſon voiſin, & le prêta à celui qui lui en demandoit, comme s'il eût eu ce vinaigre chez lui : cette ſupercherie eſt peu de choſe ; mais peut-on la concilier avec la parfaite droiture & la parfaite ſincérité ?

33. Le ſage Tſo-Kien, diſoit Confucius, ne ſe permettoit rien de feint dans ſa phyſionomie ni d'exa-

géré dans ſes expreſſions, ni d'outré dans ſes politeſses; & je fais de même. Il auroit rougi d'être en ſociété avec un homme qu'il haïſsoit, & de lui témoigner de l'amitié; & j'en rougirois comme lui.

34. Confucius diſoit un jour à Yeu-Yuen & à Tſu-Lu : Mes chers diſciples, il y a long-temps que vous écoutez mes leçons, dites-moi franchement ce que vous aimez.

35. J'aimerois, dit Tſu-Lu, à avoir des chars, des chevaux, des fourrures légeres, pour les partager avec mes amis; & je ne les leur reprocherois pas, quand même mes préſents les corromproient.

36. Pour moi, dit Yeu-Yuen, ſi j'ai fait quelque choſe de juſte ou d'honnête, j'aime à ne pas m'en

vanter ; & si par hasard j'ai fait quelque chose de louable & de difficile, je n'aime pas à le publier.

37. Présentement, dit Tsu-Lu à Confucius, daignez nous ouvrir votre cœur, & nous dire ce que vous aimez.

Je desire ardemment, dit Confucius, que dans le monde chacun ait ce qui lui convient ; que les vieillards aient une subsistance abondante, & qu'ils vivent tranquilles ; que les amis vivent ensemble avec candeur & avec cordialité, & que la bonne éducation inspire à tous les enfants la piété filiale.

38. Hélas ! disoit Confucius, que sont devenues nos espérances ? C'en est fait ; dans tous les lieux que j'ai parcourus, je n'ai pas trouvé

un ſeul homme qui voulût reconnoître ſes fautes, & qui fût ſon propre accuſateur au tribunal de ſa conſcience.

39. On peut ſans peine trouver par-tout, même dans un village de dix maiſons, des hommes auſſi droits & auſſi ſinceres que moi; mais il ſeroit difficile d'y en trouver qui deſirent plus ardemment & plus ſincèrement d'apprendre & de s'éclairer.

ARTICLE VI.

De la capacité de quelques disciples de Confucius pour le gouvernement ; de leur ardeur pour apprendre & pour faire des progrès : de la maniere de donner & de recevoir : des devoirs de la piété.

1. CONFUCIUS disoit que son disciple Gen-Kien étoit digne de remplir une magistrature.

2. Gen Kieu en fut informé, & demanda à Confucius ce qu'il pensoit d'un citoyen du royaume de Lu, nommé Sam-Pé, qu'il regardoit comme un autre lui-même.

Je crois aussi qu'il est propre aux grandes choses, répondit Confucius, car il hait les minuties, &

n'eſt ni mépriſant ni dédaigneux.

3. Mais, dit Gen-Kien, il y a des bornes dans l'averſion pour les détails; elle peut être juſte ou exceſſive : celui, par exemple, qui s'applique à ſe bien gouverner & à remplir ſes devoirs ſans ſe mêler de différentes petites choſes qui n'appartiennent point au gouvernement du peuple, n'a-t-il pas une averſion juſte & raiſonnable pour les minuties? Celui-là, au contraire, n'a-t-il pas une averſion déraiſonnable pour les détails, qui ne s'occupe preſque point ni de lui-même ni de ſon devoir, & fort peu de ce qui concerne le gouvernement du peuple?

4. Cela eſt vrai, mon cher Gen-Kien, répondit Confucius.

5. Ngai-Kum, roi de Lu, de-

manda à Confucius s'il avoit quelque disciple véritablement desireux d'apprendre.

Confucius lui répondit: Mon disciple Yen - Hoéi l'étoit véritablement. Si les vices des autres ou toute autre cause l'irritoient, il savoit contenir même le premier mouvement de sa colere, & ne la faisoit point passer de l'un à l'autre S'il tomboit dans quelque faute, même légere, il en concevoit aussitôt un vif repentir, & n'y retomboit plus. Mais, hélas! sa vie a été courte: une mort prématurée l'a enlevé. Aujourd'hui je ne connois point de vrais amateurs de l'instruction.

6. Confucius ayant envoyé son disciple Kum-Si-Ché au royaume de Cy; son condisciple Gen-Yeu, qui

craignit que ſa mere ne manquât pendant l'abſence de ſon fils, pria Confucius de lui envoyer du millet pour ſubſiſter. Confucius lui en donna un peu plus d'un demi-boiſſeau, parcequ'il ſavoit qu'elle étoit riche, & qu'elle n'avoit pas beſoin de ce ſecours. Gen-Yeu, qui ne le ſavoit pas, en demanda un boiſseau, que Confucius lui accorda : mais ne croyant pas ce ſecours ſuffiſant, Gen-Yeu donna à ſes propres dépens huit boiſseaux.

7. Confucius l'ayant appris, lui dit : Lorſque Kum-Si-Che eſt parti pour le royaume de Cy, il étoit monté ſur un cheval de prix & habillé de fourrures précieuſes : je n'ai donc pas cru qu'il fût pauvre. Or il y a un proverbe qui dit que le ſage

donne du ſecours au pauvre, mais qu'il n'augmente pas les richeſses du riche.

8. Lorſque Confucius étoit préſident de la juſtice & du tréſor royal de Lu ſa patrie, il envoya neuf cents meſures de millet à un de ſes diſciples nommé Yuen-Su qui étoit gouverneur d'une ville. Le diſciple, accoutumé à la frugalité, refuſa cet appointement.

9. Confucius lui manda: Ce ſont les loix du royaume qui vous aſſignent cette penſion; il ne vous eſt pas permis de la refuſer. Si vous avez du ſuperflu, ne pouvez-vous pas le donner à vos voiſins, dans votre bourg, dans votre ville, à votre patrie?

Il y avoit, ſelon Confucius,

quatre manieres vicieuſes de donner & de recevoir qu'il falloit éviter. Ne point donner lorſqu'il convient de donner, c'eſt avarice : donner lorſqu'il ne convient pas de donner, c'eſt prodigalité : refuſer lorſqu'il convient d'accepter, c'eſt haine ou miſanthropie : ne pas refuſer lorſqu'il eſt mal ſéant d'accepter, c'eſt cupidité.

10. Il y avoit des perſonnes qui prétendoient que Gen-Yun, un des plus illuſtres diſciples de Confucius, ne devoit point être admis aux dignités, parcequ'il étoit né d'un pere abject & ignorant.

Comment donc ! leur dit Confucius, n'admettez-vous pas pour les ſacrifices un bœuf d'une ſeule couleur, quoique ſon pere fût de plusieurs couleurs ? Et les esprits des montagnes & des fleuves les rejettent-ils (1) ?

11. Mon disciple Yen-Hoéi est si constant dans la pratique de la piété, qu'il ne s'en écarte pas le moins du monde depuis trois mois. Les autres au contraire la pratiquent un jour ou un mois, & retombent dans tous leurs vices.

12. Ki-Koun, premier ministre de Lu, demandoit à Confucius si son disciple Chum-Yu étoit capable de quelque grand emploi. Pourquoi non ? dit Confucius ; Chum-Yu est courageux & expéditif.

---

(1) Confucius fait allusion à un usage qui s'étoit établi à la Chine, de ne sacrifier point de bœufs de plusieurs couleurs.

Croyez-vous que votre diſciple Su y ſoit propre ?

Je le penſe, dit Confucius ; Su a de l'eſprit & de la prévoyance.

Enfin penſez-vous de même de votre diſciple Gen-Kien ?

Sans doute, dit encore Confucius ; Gen-Kien a de l'habileté & de la dextérité.

13. Ki, premier miniſtre de Lu, manda Mim-Tſu-Kien pour lui donner le gouvernement de la ville de Pi qui étoit dans ſon département. Ki étoit arrogant, & Mim-Tſu-Kien le mépriſoit. Il répondit au courier : Je vous prie de refuſer de ma part de la maniere la plus honnête la charge que le miniſtre veut bien m'offrir, & de lui faire entendre que, s'il m'envoyoit un

ſecond courier pour me déterminer à prendre le gouvernement, je me retirerois ſur-le-champ dans la partie ſeptentrionale du royaume, qui n'eſt pas de ſon département.

14. Confucius ayant voulu voir ſon diſciple Gen-Kem qui étoit malade, celui-ci fit mettre ſon lit du côté du midi afin de le recevoir comme les malades reçoivent les rois qui les honorent de leur viſite. Confucius, qui le ſut, ne voulut point entrer dans la chambre, parla au malade par la fenêtre; & lui ayant pris la main, il connut qu'il avoit la lepre. Hélas! dit-il en ſoupirant, c'en eſt fait! quel malheur qu'un tel homme ait été attaqué de cette maladie! Mais pourquoi me plaindre? c'eſt la loi du ciel.

15. Que la ſageſſe de mon diſciple Yen-Hoéi étoit éminente! il a été réduit à une telle pauvreté, qu'il n'avoit pour nourriture qu'une modique écuelle de riz & une calebaſſe d'eau; il étoit relégué dans un fauxbourg d'Aſor, ville ſi miſérable, qu'elle avoit l'air d'un déſert; enfin il étoit réduit à une telle miſere, que tout autre que lui eût été accablé de ſon malheur. Cependant on n'a jamais vu d'altération ni dans la ſérénité de son viſage ni dans le calme & dans la ſatisfaction de ſon ame. Oh! que mon diſciple Yen-Hoéi étoit ſage! qu'il étoit véritablement ſage!

16. Gen-Kieu, qui entendit cet éloge, & qui avoit à ſe reprocher de la tiédeur & de la lenteur dans

la carriere de la ſageſse, dit à ſon maître : Votre doctrine me plaît infiniment ; mais je n'ai pas la force d'en ſuivre toutes les maximes.

Pour pouvoir dire que l'on manque de force, répondit Confucius, il faut, après avoir épuisé toutes les forces de ſon eſprit & de ſon corps, ſuccomber enfin ſous ſes efforts, & reſter au milieu du chemin. Mais vous, vous n'avez pas encore commencé ; vous n'avez encore fait aucun effort : vous êtes comme un voyageur qui, pouvant avancer, s'arrête & ſe preſcrit un terme qu'il eſt réſolu de ne point paſser.

17. Confucius, pour inſtruire ſon diſciple Tſu-Hiu, lui diſoit : Il y a deux ſortes de lettrés ; les uns ſont des hommes, les autres de petits

hommes Les hommes s'appliquent & étudient pour connoître, & non pour être connus; pour acquérir de la vertu, & non pour que l'on dise qu'ils sont vertueux : les petits hommes, au contraire, étudient pour être connus & non pour connoître; pour acquérir l'apparence ou la réputation, & non la réalité de la vertu Faites donc tous vos efforts pour être lettré comme les sages & non comme les insensés.

18. Yeu-Yen, disciple de Confucius, étoit gouverneur d'une ville : Confucius lui demanda s'il avoit dans sa ville des hommes distingués par leurs mœurs, par l'intégrité de leur vie & par la sagesse de leur doctrine.

J'ai, répondit le disciple, un

particulier nommé Mié-Mim; c'eſt un homme excellent : lorſqu'il s'agit d'affaires, il ſuit toujours la grande route & non ces petits chemins abrégés que choiſiſsent les hommes précipités & tranchants ; & il eſt tellement occupé de ſa propre conduire, qu'il ne vient chez moi que lorſque quelque intérêt public l'y oblige.

19. Confucius, louant la rare modeſtie de Mem-Chi, miniſtre du royaume de Lu, diſoit : Ce grand & magnanime guerrier étoit extrêmement en garde contre la vanité qui ſe loue. Dans ce fameux combat qui ſe livra entre l'armée de Lu & celle de Cy, tous nos ſoldats renversés prirent la fuite ; Mem-Chi, ſeul avec l'arriere-

garde, repouſsoit l'ennemi, & ne ceſsa de combattre que lorſqu'il ſe vit ſeul. Auſſitôt qu'il fut ſur les terres du royaume, il pouſsa vivement ſon cheval, & diſoit à la multitude qui le regardoit avec un air d'étonnement & d'admiration : « Si « j'arrive tard, ce n'eſt pas que je « ſois plus courageux que les au- « tres & que j'aie combattu plus « long-temps, c'eſt que mon che- « val eſt foible & marche mal. »

20. En déplorant la dépravation des mœurs de ſon temps, Confucius diſoit : Il eſt bien difficile aujourd'hui d'éviter la haine & le dédain des ſots, c'eſt-à-dire du plus grand nombre des hommes, ſi l'on n'a pas la flatteuſe éloquence du miniſtre Chu-Su ou les graces du prince Chau.

21. Il n'y a personne qui, voulant sortir, ne passe par la porte : pourquoi n'est-ce pas par la porte de la raison que l'on sort pour entrer dans le chemin de la sagesse ?

22. Confucius, voyant que la sage modération de l'âge d'or étoit inconnue, & que l'on se contentoit d'avoir les apparences de l'honnêteté, disoit : Aujourd'hui un homme dont la candeur & la franchise vont au-delà des regles d'honnêteté extérieure que l'on a établies, est un rustre & un histrion si son honnêteté extérieure va au-delà de ses sentiments. Il faut donc que la politesse & l'honnêteté extérieure répondent exactement aux sentiments de l'ame. Ce n'est qu'alors que l'on mérite véritablement le nom de sage.

23. Il n'y a point d'homme vivant qui ne ſoit doué de la droite raiſon pour bien vivre. Si un homme paſſe ſa vie à en violer les principes, on lui pardonne véritablement de mourir, car il le mérite bien.

24. Celui qui ſe contente de connoître le chemin de la ſageſſe, n'eſt pas comparable à celui qui le connoît & qui l'aime; & celui qui ſe contente de le connoître & de l'aimer n'eſt pas comparable à celui qui le connoît, l'aime & le ſuit.

25. Si un homme a du caractere & de l'eſprit au-deſſus de la médiocrité, on peut lui enſeigner les préceptes les plus élevés de la ſageſſe; mais il ne faut pas l'entreprendre

s'il eſt au-deſsous de la médiocrité.

26. Quel eſt l'homme que l'on peut appeller prudent ? diſoit un jour à Confucius ſon diſciple Fan-Chi.

C'eſt, répondit Confucius, celui qui s'applique à remplir les devoirs de l'homme & le culte que l'on doit aux eſprits ; qui écarte au loin les ſpéculations abſtruſes qui ſurpaſsent ſon intelligence.

Et quel eſt l'homme pieux ? ajouta Fan-Chi.

On peut, dit Confucius, donner ce nom à l'homme qui fait ſon objet principal de vaincre toutes les difficultés qui l'empêchent de s'élever à la vertu, & qui regarde ſes effets comme un acceſsoire, ou plutôt comme un objet ſecondaire toujours ſubordonné à l'amour de la vertu.

27. Confucius diſoit : Les ſavants aiment les bords des fleuves, & les hommes pieux les montagnes; car les ſavants ſont toujours en mouvement comme les eaux, & les hommes pieux toujours en repos comme les montagnes.

La vie des ſavants, dégagés des ténebres de l'ignorance, eſt agréable ; celle des hommes pieux, affranchis des paſſions, eſt longue.

28. Lorſque la famille de Cheu fut parvenue à l'empire, les deux freres cadets de Vu-Vam furent créés rois ; l'un, du royaume de Lu ; l'autre, du royaume de Cy : tous deux, à l'exemple de leur frere, établirent dans leurs royaumes

d'excellentes loix pour les mœurs & le bon ordre. Mais lorſque Vou-Kum, roi de Cy, ſe fut déclaré chef des rois, tout ſe déprava dans ſon royaume, & l'adminiſtration établie par le frere de Vu-Vam fut preſque renverſée. Cependant le royaume de Lu conſervoit encore une partie du gouvernement primitif.

Confucius, en parlant de ces deux états, diſoit: Quand le royaume de Cy voudroit rétablir ſon gouvernement, il n'en pourroit venir à bout; mais ſi notre royaume de Lu vouloit le renouveller, il pourroit reprendre toute la vigueur du gouvernement de ſon fondateur.

29. Avant l'uſage du papier on poliſsoit des planches de bois ſur

leſquelles on écrivoit les lettres & les annales; & parcequ'elles étoient quarrées, on leur donnoit le nom de quadres ou de quarrés. Du temps de Confucius, beaucoup de ces quarrés étoient ſans uſage; & il diſoit: Si les quadres littéraires ne ſont pas des quarrés, comment peut-on les appeller quadres?

30. Un des diſciples de Confucius lui diſoit: Il eſt du devoir de l'homme pieux de ſecourir celui qui eſt en danger: on vient dire à un homme pieux qu'un particulier eſt tombé dans un puits; faut-il qu'il s'y précipite pour le ſecourir? s'il ne va pas à ſon ſecours, il eſt ſans compaſſion; s'il y va, il eſt homicide de lui-même.

Pourquoi cela? répondit Confucius ; l'homme pieux doit voler à l'ouverture du puits pour ſecourir celui qui eſt au fond, il ne doit pas s'y précipiter. De quel ſecours, je vous prie, un mort peut-il être à un mourant ? On peut tromper le ſage & lui faire croire des choſes fauſses, & non l'induire à en faire.

31. Un diſciple de la ſageſse peut ſuivre conſtamment le chemin de la perfection & ne point s'en écarter, ſi, après avoir réuni la connoiſsance des livres des poéſies & des annales avec l'exercice des cinq arts, il ſe preſcrit de n'en faire uſage que conformément aux loix de l'honnêteté.

32. Confucius, en parcourant les différentes provinces de la Chine, arriva dans le royaume de Guéi.

La reine, qui avoit entendu parler de ſa vertu, deſiroit d'avoir avec lui un entretien ; mais Confucius s'en excuſa, parceque la reine n'avoit pas une excellente réputation : cependant comme elle le fit inviter une ſeconde fois, & qu'il y avoit des jours où la reine recevoit les miniſtres, Confucius, pour ne pas bleſser les loix de l'urbanité, s'y rendit.

Tſu-Lu, diſciple de Confucius, condamna ſa condeſcendance.

Que le ciel me puniſse & me rejette, lui dit Confucius, ſi j'ai commis quelque faute contre la raiſon & l'honnêteté.

33. Le milieu immuable eſt la ſouveraine perfection de la vie ; mais depuis long-temps le nombre

de ceux qui le ſuivent eſt petit.

34. Le diſciple Tſu-Kum diſoit à Confucius : Celui qui eſt libéral pour tous les peuples de l'empire, & qui pourvoit à ce que chacun ait ce qui lui convient, ne peut-il pas être regardé comme un homme pieux ?

Quel rapport ont ces petites occupations avec les vaſtes fonctions de la piété ? dit Confucius. Nos anciens empereurs Y-A-O & Chun, d'une ſcience & d'une vertu ſi éminente, n'étoient cependant pas encore parfaitement contents d'eux-mêmes à l'égard de la piété.

35. L'homme véritablement pieux ne deſire pas moins la perfection des autres que la ſienne propre, & il ſouhaite que les autres

connoiſsent le chemin de la vertu comme il ſouhaite lui-même de le connoître.

36. Enfin, pour avoir la vraie regle de la piété, il faut que, peu éloigné des autres, & toujours près de ſoi-même, l'homme juge des autres par lui-même.

ARTICLE VII.

Réflexions modeſtes de Confucius ſur lui-même ; ſa maniere de vivre : éloges que ſes diſciples font de lui.

1. CONFUCIUS, en parlant de ſes inſtructions, diſoit modeſtement : Je ne fais que réciter la doctrine des anciens ; je n'en ſuis pas l'inventeur : elle me plaît beaucoup, &

j'y ai la plus grande confiance; mais en cela je ne fais que ſuivre l'exemple de notre illuſtre & cher Lao-Pum, premier miniſtre ſous le regne des Xam.

2. Voici les vertus du ſage: il faut qu'il médite dans le ſilence ce qu'il a lu ou entendu, & qu'il n'éprouve ni ennui dans l'étude ni fatigue dans l'enſeignement. Mais comment pourrois-je acquérir ces vertus?

3. Il y a quatre choſes qui me fâchent beaucoup, & qui même me tourmentent. 1°. Je n'avance pas aſsez dans la carriere de la vertu; 2°. je n'étudie pas aſsez; 3°. je ne me porte pas avec aſsez de courage aux devoirs de la piété; 4°. je ne travaille pas avec aſsez d'ardeur à

me corriger de mes défauts.

4. Les diſciples de Confucius diſent qu'il avoit des manieres plus nobles & le front plus ſerein lorſqu'il étoit chez lui, particulier, & libre de toute affaire.

5. Confucius déja avancé en âge, diſoit en ſoupirant : Je ſens que je vieillis beaucoup, car il y a longtemps que pendant mon ſommeil je ne me repréſente plus notre cher prince Cheu-Kum.

6. Il faut qu'un diſciple de la ſageſse n'ait d'abord pour objet que la droite raiſon ; puis, qu'il embraſse avec courage la vertu ; qu'enſuite il ne s'écarte point de la piété ou de la droiture du cœur, qui eſt la baſe de toutes les vertus ; & qu'enfin, s'il lui reſte du loiſir, il l'em-

ploie à ſe perfectionner dans la ſcience des rites, dans la muſique, dans le jet du javelot, dans l'art de conduire un char, d'écrire & de compter.

7. C'étoit la coutume chez les Chinois de faire un préſent à celui que l'on alloit voir pour la premiere fois. Confucius, faiſant alluſion à cet uſage, diſoit : J'inſtruis tous ceux qui viennent chez moi, quand même ils ne m'apporteroient qu'un petit morceau de viande ſeche.

8. Si un homme ne me montre point de deſir d'apprendre ce qu'il ne ſait pas, je ne le lui explique point; s'il ne me marque aucun deſir de me dire ce qu'il penſe, je ne cherche point à le lui faire dire; enfin ſi, lorſque j'explique à quel-

qu'un l'angle d'un quarré, il ne connoît pas les trois autres, je ne lui donne plus d'inſtruction.

9. Lorſque Confucius avoit aſſiſté aux obſeques de quelqu'un, il étoit tellement pénétré de douleur, qu'il ne ſe permettoit pas le moindre délaſsement dans la journée; & s'il dînoit chez un homme qui fût en deuil, il partageoit tellement ſa peine & ſon chagrin, qu'il ne pouvoit manger aſsez pour ſe nourrir.

10. Confucius diſoit à ſon diſciple Yeu-Y-Ven : Celui que le roi emploie dans l'adminiſtration doit faire tous ſes efforts pour procurer le bien de l'état; s'il n'eſt pas employé, il doit ſe tenir tranquille chez lui, & ne point ſe mêler des

affaires publiques : du moins vous & moi pourrons nous flatter d'avoir cette perfection.

11. Tſu-Lu, qui avoit l'ame guerriere, ayant entendu cet éloge de ſon condiſciple, dit à Confucius : Si l'on vous donnoit trois légions à conduire, qui prendriez-vous pour lieutenant ? Et Tſu-Lu ne doutoit pas que Confucius ne le choisît.

Confucius lui répondit : Je ne choiſirois point pour lieutenant celui qui oſeroit avec ſes mains ſeules & ſans armes attaquer un tigre, qui s'expoſeroit à paſser à pied & ſans barque un fleuve profond & rapide, ou qui ſe voyant en un danger évident de perdre la vie, ne voudroit pas s'y ſouſtraire ou éviter la mort : car lorſque l'on eſt chargé d'affaires importantes il faut ſe conduire avec précaution, ou même avec réſerve, & conſulter volontiers; ce n'eſt que par ce moyen que l'on réuſſit.

12. Si les ſoins & les travaux des hommes procuroient les richeſses, je me réſoudrois juſqu'à être muletier pour en acquérir; mais comme elles dépendent de la providence, je ne m'applique qu'à ſuivre la droite raiſon qui fait mes délices.

13. Les diſciples de Confucius rapportent qu'il y avoit trois choſes pour leſquelles il prenoit les plus grandes précautions; la tempérance, la guerre & la maladie.

14. Lorſque Confucius parcouroit les différentes provinces de la

Chine, & qu'il étoit dans le royaume de Cy, il apprit que l'on chantoit la musique composée anciennement pour célébrer les louanges de l'empereur Chun : il alla l'entendre, & il en fut si charmé, que pendant les trois mois de séjour qu'il fit dans ce royaume, il sembloit insensible au goût des mets, & disoit : Je n'aurois jamais cru que les compositeurs de musique pussent atteindre à cette perfection.

15. Quay-Vay, fils de Lu-Kum, roi de Lu, ayant grièvement offensé son pere, s'enfuit de la cour, & sortit du royaume. Pendant son absence, son pere mourut, & le peuple proclama son fils Ché. Le roi de Cin, chez lequel Quay-Vay s'é-

toit réfugié, le renvoya dans ſes états avec une puiſsante armée: ſon approche fit naître des factions, & remplit le royaume de diſsentions.

16. Confucius étoit alors dans le royaume de Lu, & ſon diſciple Gen-Yeu demanda à Tſu-Lu s'il penſoit que Confucius fût du parti de Ché: Je vous le dirai dans un moment, dit Tſu-Lu; je vais tâcher de le découvrir par des queſtions indirectes à celle que nous voulons éclaircir.

Pour comprendre le but de ces queſtions, il faut ſe rappeller le trait ſuivant de l'hiſtoire de la Chine.

Le roi de Kun-Chu avoit trois fils: avant de mourir, il nomma pour lui ſuccéder Xo-Cy, ſon troiſieme fils; après ſa mort Xo-Cy ne voulut pas monter ſur le trône, parcequ'il appartenoit à ſon frere aîné Pé-Y; celui-ci oppoſa au refus de ſon frere la volonté de ſon pere, & s'enfuit; Xo-Cy le ſuivit, & tous deux renoncerent volontairement au trône. Le peuple proclama le ſecond des enfants du feu roi. Quelque temps après le roi Vu-Vam, aidé des autres rois & princes, prit les armes contre l'empereur Cheu qui régnoit tyranniquement. Les deux freres Pé-Y & Xo-Cy rencontrerent par haſard Vu-Vam; & pour lui reprocher tacitement ſa conduite, ils ne rendirent hommage qu'à ſon cheval. Enfin lorſque Cheu, dernier empereur de la dynaſtie des

Xum, fut mort, ils ne voulurent rien recevoir de Vu-Vam qui lui ſuccéda, ſe retirerent ſur la montagne de Xeu-Yun, & y moururent de faim & de miſere.

Tſu-Lu demanda à Confucius ce qu'il penſoit de ces deux princes.

Ce ſont d'anciens ſages, répondit Confucius.

Mais ne ſe repentirent-ils point d'avoir renoncé à leur royaume?

Pourquoi donc? reprit Confucius; l'un ſuivoit la volonté de ſon pere, l'autre le droit naturel; tous deux rempliſſoient les devoirs de la piété qu'ils aimoient & qu'ils vouloient pratiquer: quelle raiſon avoient-ils de ſe repentir?

Tſu-Lu ſortit auſſitôt, & alla dire à Gen-Yeu: Notre maître n'eſt pas pour le prince Ché ; car ayant loué ceux qui renonçoient volontairement à un royaume, c'étoit condamner indirectement Ché d'avoir accepté le royaume du vivant de son pere.

17. Confucius disoit : Je dois paroître réduit à l'état le plus déplorable : je ne mange que du plus mauvais riz, je ne bois que de l'eau ; quand je suis couché je n'ai pour oreiller que mon coude : cependant au milieu de cette pauvreté je jouis de la vraie joie & de la vraie paix de l'ame. Les richesses & les dignités acquises ou obtenues injustement ou sans mérite ne sont à mes yeux que comme les nuages suspendus en l'air & emportés au gré du vent.

18. Confucius, déja dans la vieillesse, disoit : Si le ciel m'accorde encore quelques années de vie pour pouvoir comprendre la profonde doctrine de L'Y-Kin, j'espere qu'alors je pourrai éviter toutes les fautes graves.

19. Les discours & les conversations de Confucius rouloient ordinairement sur le livre des poésies, dans lequel les vertus sont louées & les vices blâmés; sur le livre des annales impériales, qui contient l'histoire des bons & des mauvais gouvernements des empereurs, & les effets des uns & des autres; sur le livre des rites qui contient les loix qui asurent & qui conservent l'honnêteté des mœurs & l'urbanité.

20. Le gouverneur de la ville de

Xé demanda à Tſu-Lu ce qu'il penſoit de Confucius. Tſu-Lu ne répondit rien, dans la crainte de ne pas parler aſsez dignement de ſon maître.

Confucius en ayant été informé, dit à Tſu-Lu: Pourquoi ne lui avez-vous pas dit: Notre maître eſt un homme qui a un tel deſir de s'inſtruire, que, lorſqu'il eſt occupé de la recherche de quelque vérité, il ne ſent pas le beſoin de manger; & lorſqu'il l'a découverte, elle le remplit d'une ſatisfaction qui bannit de ſon cœur le chagrin & la triſteſse s'il en éprouve. Cette alternative continuelle d'application & de ſatisfaction l'a conduit à un âge fort avancé ſans reſsentir les déſagréments de la vieilleſse, & ſemble l'avoir garanti des atteintes des années & des coups du temps. Voilà ce que vous deviez répondre.

21. Je n'ai pas, disoit Confucius, une science infuse par la nature même, ou acquise sans travail & sans étude : grand amateur de l'antiquité, j'ai employé & j'emploie toutes les forces de mon esprit & de mon corps à connoître les paroles & les actions des anciens sages.

22. Il y avoit quatre choses dont Confucius n'aimoit point à parler ; les prodiges, les parades de forces, les tumultes des séditions, la nature des esprits.

23. Quoique dans mes voyages je ne sois accompagné que de deux ou trois personnes, disoit Confu-

cius, je trouve cependant à m'inſtruire : je recueille pour moi ce qu'ils ont de bon, & je me corrige de ce que je vois de mal en eux.

24. Lorſque Confucius arriva dans le royaume de Sum, le premier préſident de la guerre projettoit de le tuer : ſes diſciples étoient dans une grande crainte ; pour les raſſurer, Confucius leur dit : Ce n'eſt pas ſans deſſein & ſans quelque vue particuliere que le ciel m'a donné la vie & m'a doué de la faculté raiſonnable ; comment donc le premier préſident de la guerre pourroit-il me nuire ou m'ôter la vie ? Cependant il ſe retira, & ne voulut pas s'expoſer au péril ſans cauſe.

25. Les diſciples de Confucius

voyant que leur maître, orné des plus ſublimes vertus, ne leur expliquoit que les principes communs de la ſageſse, ſoupçonnoient qu'il leur cachoit les plus élevés. Pourquoi donc, leur dit-il, croyez-vous que je vous cache ma doctrine ? Je ne vous en cache certainement rien, car ma maniere d'enſeigner eſt de ne rien faire que mes diſciples ne le voient.

26. Confucius enſeignoit principalement quatre choſes ; les exercices des lettres, la pratique des vertus, la ſincérité dans les paroles, & la vérité dans les actions.

27. Je n'ai point encore vu d'homme qui réunît dans le dernier degré de perfection la liberté & la ſcience : que ne puis-je ſeulement

en voir un doué d'une vertu & d'une ſcience éminente! cela me ſuffiroit. Bien plus, je n'ai point encore vu d'homme d'une probité parfaite: plût au ciel que j'en connuſse ſeulement un conſtant! cela me ſuffiroit encore. Peut-on avoir une vraie conſtance lorſque n'ayant rien on veut faire voir que l'on a beaucoup; loſqu'étant vuide on veut paroître plein; lorſqu'étant pauvre on veut paſser pour riche?

28. Lorſque Confucius étoit dans la pauvreté, il pêchoit, ou alloit à la chaſse aux oiſeaux, & l'on remarquoit ſon humanité & ſa piété juſques dans cet exercice. Il ne pêchoit point avec un vaſte filet, mais avec l'hameçon & le roſeau; s'il alloit à la chaſse il attachoit ſa fleche

avec un long fil de ſoie, & ne tiroit que ſur les oiſeaux qui voloient; jamais il n'attaquoit ceux qui ſe repoſoient ou qui n'étoient pas ſur leurs gardes.

29 Confucius diſoit : Je vois la plupart des hommes entreprendre témérairement ce qu'ils ne ſavent pas : j'avoue que je n'ai pas ce courage. Mon uſage eſt d'écouter beaucoup, de choiſir ce que j'entends de meilleur, & de le pratiquer; de voir beaucoup, de recueillir ce qui me paroît meilleur, & de le conſerver. Cette méthode n'occupe que le ſecond rang dans les différentes manieres d'apprendre : la premiere de toutes eſt celle de recevoir ſes connoiſſances de la nature ſeule & ſans travail.

30. Les mœurs des habitants du bourg de Lu-Hiam étoient ſi corrompues, qu'il étoit difficile de leur parler de la vertu : cependant Confucius accorda un entretien à un jeune homme de ce bourg ; ſes diſciples en furent ſurpris, & croyoient qu'il ne falloit pas recevoir un de ceux qui étoient rejettés par tout le monde.

31. Ce jeune homme, leur dit Confucius, étant venu à moi pour apprendre le chemin de la vertu, j'ai conſidéré le bon eſprit qui le conduiſoit à moi, & non ce qu'il ſera, retourné avec ſes concitoyens. Pourquoi donc falloit-il que j'euſſe la dureté de le rejetter ? il condamnoit ſa vie paſſée, & venoit pour ſe former à la vertu ; j'ai accueilli

ſes nouvelles diſpoſitions, & je ne me ſuis point déclaré le fauteur de ce qu'il a fait auparavant.

32. Un grand nombre de perſonnes, ennemies de la piété, crient qu'elle eſt loin de nous; mais comment ſeroit-elle loin de nous, puiſqu'on ne l'a pas plutôt ſouhaitée qu'elle eſt à la porte ?

33. Le roi de Lu avoit épousé une princeſse de ſon nom, ce qui étoit contraire aux rites, &, pour pallier cette violation des rites, avoit changé le nom de la princeſse. Le premier préſident de la juſtice demanda à Confucius ſi le roi ſavoit les rites. Il les ſait, répondit Confucius; & ce roi ſuivoit en effet dans ſes mœurs les loix de l'honnêteté. En ſorte que Confucius, ſans

répondre à l'intention du président de la justice, se contenta de louer ce qu'il y avoit de louable dans le roi, & se retira.

34. Le préfet de la justice, rencontrant un disciple de Confucius, lui raconta la réponse qu'il lui avoit faite, & le blâma.

35. Le disciple le dit sur-le-champ à Confucius, qui s'écria : Que je suis heureux ! je ne peux pas faire une faute qu'on ne le sache:

36. Je sais peut-être aussi bien qu'un autre l'art de l'éloquence ; mais je n'ai encore pu jusqu'ici remplir tous les devoirs de l'homme sage.

37 Beaucoup de personnes donnoient à Confucius le titre de *Xim*, c'est-à-dire d'homme excellent par

la ſublimité de ſa ſcience & de ſa vertu, ainſi que le titre de *Gin*, c'eſt-à-dire d'un homme doué d'une parfaite droiture de cœur.

Confucius le ſut, & dit : Comment pourrois-je porter ces noms ? La ſeule choſe peut-être que l'on peut dire de moi avec juſtice, c'eſt que je m'applique à l'étude de la ſcience & à la pratique de la vertu ſans dégoût, & que je l'enſeigne aux autres ſans me laſser.

38. Quoique le prodigue ſoit ordinairement arrogant & le parcimonieux vil, ſi cependant on compare ces deux vices, la parcimonie eſt moins condamnable que la prodigalité.

39. Voulez-vous diſtinguer l'homme du petit homme ? le pre-

mier a toujours une phyſionomie ouverte & un eſprit élevé ; le ſecond a le front ridé & le cœur inquiet.

40. Les diſciples de Confucius diſoient qu'il avoit ſu allier la douceur avec la gravité, la ſévérité avec la bonté, & la magnanimité avec une modeſtie ſinguliere.

ARTICLE VIII.

Eloges des anciens empereurs Ven-Vam-Yu, Xem, Y-A-O; quelques maximes & avis du ſage diſciple Tſ.m-Tſu : devoirs du ſage.

1. Le roi Tay-Vam avoit trois fils; Tay-Pé l'aîné, Chum-Yum le ſecond, & Ki-Hié le troiſieme. Tay-Vam, voulant fonder un nouvel

empire, nomma pour lui ſuccéder ſon fils Ki-Hié, qui, par ſon caractere & par ſes qualités, lui paroiſſoit plus propre à ſuivre ſes projets ambitieux. Auſſitôt que Tay-Pé ſut les diſpoſitions de ſon pere, il ſortit du royaume avec ſon frere Chum-Yum, & ſe retira dans la contrée méridionale de la province de Lu-Gnam, ſous prétexte d'y chercher des herbes médicinales, & ils y menerent une vie pauvre. Ki-Hié ſuccéda donc à ſon pere, & eut pour ſucceſſeur ſon fils Ven-Vam, qui, ſuivant les projets de ſon pere & de ſon aïeul, jetta les fondements de la famille impériale des Cheu, puiſqu'il régna ſur les deux tiers de l'empire.

On célébroit les grandes actions

de Ven-Vam, & la vertu de Pé-Y étoit dans le plus profond oubli. Est-ce donc, disoit Confucius, que la vertu de Tay-Pé n'est pas sublime & parfaite? Il a renoncé à l'espérance de l'empire avec autant de fermeté & aussi volontairement que s'il avoit refusé trois fois le sceptre impérial; mais le peuple qui ne peut s'élever jusqu'à la hauteur de son ame & pénétrer la profondeur & la sagesse de ses vues, ne rend pas justice à sa mémoire.

2. L'homme excessivement civil est incommode; l'homme excessivement précautionné devient timide; l'homme excessivement courageux devient turbulent; l'homme excessivement droit devient inconsidéré.

3. Lorſqu'un prince a une vraie piété pour ſes parents, il porte bientôt les peuples à cette méme piété ; & lorſqu'il accorde des gratifications ou des dignités aux vieillards qui ont bien mérité de l'état, à ſes amis & à ſes familiers, il fait bientôt naître la bienveillance dans le cœur des peuples.

4. Tſum-Tſu, diſciple de Confucius, avoit une école & des diſciples : il étoit dangereuſement malade ; il les appella, & leur dit : Un fils doit conſerver ſains & ſaufs les membres qu'il a reçus de ſes peres s'il craint de les outrager. Voyez donc mes pieds & mes mains, & jugez ſi je n'ai pas obéi au livre des poéſies qui dit : Conduiſez-vous avec la crainte & la précaution d'un

homme qui marche ſur le penchant d'un précipice, ou ſur la glace. J'ai échappé au danger, & je ſuis aujourd'hui ſans crainte. Mes chers diſciples, prenez les mêmes précautions.

5. Ce même Tſu-Lu étant à l'extrémité, Mem-Kum, premier miniſtre de Lu, alla le voir, & lui demanda en quel état il ſe trouvoit ; Tſum-Tſu lui dit : Il y a une eſpece d'oiſeaux qui par inſtinct connoiſsent que leur mort eſt prochaine, & alors ils font un chant lugubre. Lorſque l'homme touche à ſes derniers moments, la droite raiſon ſemble alors l'inſpirer, & il a coutume de tenir des diſcours ſenſés : recevez donc les avis ſalutaires d'un mourant.

6. Il y a trois choses qu'un sage ministre doit regarder comme très importantes ; la premiere, d'éviter dans son maintien, dans ses gestes, dans ses mouvements, dans ses manieres, toute espece d'arrogance & de dédain ; la seconde, de montrer toujours la candeur & la vérité sur sa physionomie ; la troisieme, d'éviter dans ses expressions toute espece de basseſse ou de malhonnêteté. Quant aux rites, je ne vous en parle point, parcequ'il y a des personnes chargées de les faire observer.

7. Tsem-Tsu, déplorant la mort prématurée de son condisciple Yen-Yuen, disoit : Où trouver un savant qui veut se faire instruire par un ignorant, un plus habile qui

veut apprendre d'un moins habile? Où trouver un homme qui possede comme s'il ne possédoit pas, qui, au milieu de l'abondance, vit comme dans la pauvreté? Où trouver enfin un homme qui, outragé cruellement, ne veut pas même se permettre de penser à la vengeance? Je ne connois que mon cher condisciple Yen-Yuen qui, dans tous les moments de sa vie, ait dirigé tous ses efforts vers ces vertus.

8. Tsem-Tsu, disciple de Confucius, disoit: Celui à qui l'on peut confier non seulement la tutele d'un pupille, mais encore le gouvernement d'un royaume de cent stades à la mort du roi; que ni les vicissitudes, ni les dangers, ni les difficultés ne peuvent faire chance-

ler dans le chemin de la juſtice; celui-là, dis-je, ne mérite-t-il pas le nom de ſage?

9. Le même Tſem-Tſu diſoit: Il faut que le diſciple de la ſageſse ait un courage inébranlable & conſtant, car il ſe charge d'une fonction très importante, & il a une longue carriere à parcourir. Sa fonction renferme toute la perfection de la piété, & la droiture du cœur dans tous ſes rapports. Y a-t-il quelque choſe de plus grand & de plus important? Il doit pratiquer ces vertus dans toute ſa vie, & par conſéquent il a une longue carriere à parcourir.

10. Confucius diſoit: On commence ſon entrée dans l'étude de la ſageſse par le livre des poéſies, dont

les vers inſpirent doucement l'amour de la vertu & la haine du vice : on apprend à ſuivre ſes maximes dans le livre des rites, qui apprennent à régler ſes mœurs & ſa vie : on arrive à la perfection par la muſique, qui, par les doux accords des voix & des inſtruments, établit l'harmonie dans les paſſions & dans tous les mouvements de l'ame.

11. Un prince peut bien ordonner à un peuple ignorant & groſſier de faire ce qu'il doit faire ; mais il ne peut pas lui ordonner de comprendre la raiſon pour laquelle ce qu'il fait eſt bien.

12. Un homme robuſte & courageux qui hait exceſſivement la pauvreté, & l'homme ſans vertu, qui eſt exceſſivement haï, excitent ordinairement des troubles.

13. Un homme égalât-il le prince Chen-Kum en génie & en habileté, s'il eſt orgueilleux & avare, je ne vois plus en lui rien de louable.

14. Il eſt bien difficile de trouver aujourd'hui un homme qui s'applique ſeulement trois ans à l'étude de la ſageſse, ſans deſirer & ſans eſpérer quelque magiſtrature.

15. Le diſciple de la ſageſse qui croit fermement, aime à apprendre & à ſuivre la route qu'il a commencée ; la mort même n'eſt pas capable de le détourner de ſon entrepriſe : cependant s'il approche d'un royaume rempli de dangers, il n'y entre pas ; & s'il s'excite du trouble dans le royaume qu'il habite, il en ſort ; enfin tant que le royaume a

un bon gouvernement, il ſe montre, & entre dans les charges; mais ſi le gouvernement eſt vicieux, il ſe cache, & mene une vie privée.

16. Car il eſt également honteux pour le ſage de mener une vie pauvre & obſcure lorſque le gouvernement eſt bon, & d'être riche & honoré lorſque le gouvernement eſt vicieux.

17. Le ſage ne cherche point à diriger les choſes qui n'appartiennent point à ſon emploi.

18. De retour du royaume de Cy dans ma patrie, je réunis mes efforts à ceux du préſident de la muſique pour la rétablir. Avec quel plaiſir j'entendis alors la premiere ode du livre des poéſies depuis la premiere ſtrophe juſqu'à la derniere! Quelle

abondance, quelle plénitude & quelle douceur dans ce concert !

19. Il y a des hommes d'un esprit simple & d'une conduite remplie de duplicité; d'autres dont l'esprit est grossier & la vie paresseuse & négligée ; & d'autres enfin dont l'esprit est stupide & la conduite frauduleuse : je repousse inexorablement ces différentes especes d'hommes : comment les instruire ?

20. Le sage doit apprendre comme s'il n'avoit rien appris, & craindre toujours d'oublier ce qu'il sait.

21. L'ame des empereurs Chum & Y-A-O n'étoit-elle pas de la plus grande élévation ? Tous deux avoient passé d'un état obscur & privé sur le trône impérial ; cependant on n'a jamais apperçu en eux le

moindre ſigne de vaine gloire ou d'amour de la domination. Ils ont poſsédé l'empire comme ne le poſsédant pas.

22. Quel empereur qu'Y-A-O! Le ciel ſeul eſt au-deſsus de tout, & il n'y a que l'eſprit d'Y-A-O que l'on puiſse comparer à l'élévation du ciel. En effet, ſa vertu ſublime & immenſe ſe communiqua tellement à tout l'empire, que tous les peuples en reſsentirent les admirables effets, ſans pouvoir remonter juſqu'à leur cauſe. Voilà pourquoi ils ne lui donnerent point de nom.

La ſeule choſe que l'on pouvoit dire pour caractériſer la vertu d'Y-A-O, ajoute l'interprete, étoit tout ce que le monde voyoit; ſavoir, l'admirable tranquillité dont jouiſsoit tout l'empire, la concorde qui unissoit tous les peuples, & le regne florissant des loix, des rites & de la musique.

23. Il n'y a point de regne plus florissant que celui de Xun; avec cinq ministres il gouverna tout l'empire avec un applaudissement universel. Il n'avoit que cinq ministres: Yu pour la conduite des eaux; Cié pour l'agriculture; Scié pour l'enseignement de la morale; Kao-Yao pour l'administration de la justice; Pé-Yé pour la garde des montagnes & des fleuves. Après le regne de Xun, le plus florissant fut celui de Ven-Vam, qui disoit: J'ai dix ministres pour toutes les affaires intérieures & extérieures.

Anciennement, ajoutoit Confucius, on disoit qu'il étoit difficile de trouver un homme capable de gouverner; croyez-vous qu'il n'en soit pas ainsi encore aujourd'hui? Autrefois sous les regnes d'Y-A-O & de Chun on vit en effet l'âge d'or; cependant dans ce siecle si fortuné on ne compte pas cinq ministres sages. Sous le regne de Ven-Vam, les arts & les sciences étoient encore plus florissants; & cependant on ne voit sous ce prince que dix ministres distingués par leur sagesse & par leur habileté. Croit-on qu'il soit facile de trouver des hommes habiles?

24. L'empereur Cheu, le dernier de la famille impériale des Yn, gouvernoit avec inhumanité. Le peuple & les princes se plaignirent, & commencerent à secouer le joug. Des

trois parties de l'empire, deux étoient ſur le point de ſe ſoumettre à Ven-Vam, & de le proclamer empereur, s'il n'avoit arrêté le tumulte & refuſé l'empire. Reſter fidele & ſoumis tandis que l'on eſt proclamé empereur par les deux tiers de l'empire, eſt certainement la perfection de la vertu.

25. Quant au prince Yu, je ne lui connois point de fautes. Quoiqu'il fût de la plus grande ſimplicité & de la plus grande ſobriété, il faiſoit avec la plus magnifique ſomptuoſité les cérémonies des ancêtres & des eſprits. Quoique ſes habits ordinaires fuſſent d'une étoffe groſſiere, cependant il paroiſſoit dans les fêtes avec tout l'éclat que demandoit la dignité impériale. Son palais

étoit médiocre & presque vil; mais il n'épargnoit rien pour la commodité publique, soit pour arrêter les inondations, soit pour creuser des canaux pour écouler les eaux pendant les saisons pluvieuses, soit pour les réserver pour les temps de sécheresse. Je le répete, je ne peux trouver de défauts dans le prince Yn.

ARTICLE IX.

Différentes réflexions à la louange de Confucius & de sa doctrine ; sa modestie & son humilité lorsqu'il parloit de lui. Préceptes pour parvenir à la sagesse.

1. CONFUCIUS parloit rarement de l'utilité, parcequ'elle nuit sou-

vent à la piété ; de la providence, parcequ'elle eſt impénétrable ; & de la piété, parcequ'elle eſt immenſe.

2. Un habitant du bourg Ta-Hiam, étonné de la ſcience de Confucius, diſoit : Oh ! que Confucius a une ſcience prodigieuſe ! Je ne ſais quel nom lui donner, parceque je n'en trouve point qui exprime bien ce qu'il eſt.

3. On le rapporta à Confucius, qui dit à ſes diſciples : Lorſque cet homme dit qu'il ne ſait quel nom me donner, il veut ſans doute m'inſinuer de prendre une profeſſion & d'exercer quelque art. Mais lequel choiſirai-je ? ſera-ce l'art de conduire un char ou de lancer le javelot ? Je préfere le premier comme plus facile, afin d'avoir par ce moyen le titre de parfait cocher.

4. Autrefois c'étoit la coutume, & les rites le preſcrivoient, de faire les chapeaux avec les fils les plus fins de la filaſse brune; aujourd'hui on les fait avec la bourre de ſoie par économie : comme il n'y a rien en cela de contraire à l'équité, je me conforme au plus grand nombre, & j'abandonne l'ancien rite. Il y a un autre rite qui preſcrit au miniſtre, lorſqu'il va voir le roi, de le ſaluer au dernier degré du palais, & non dans la ſalle d'audience; aujourd'hui le plus grand nombre ne ſalue le roi que dans la ſalle, ce qui, ſelon moi, a un air d'orgueil & d'audace : ſur ce point je ne ſuis point le grand nombre, & je commence toujours mon ſalut au plus bas des degrés de la ſalle.

5. Confucius s'étoit interdit quatre choſes ; de dire, " Je veux faire ceci ; de s'en impoſer la néceſſité ; de s'y opiniâtrer lorſqu'il l'avoit fait ; enfin ſon intérêt perſonnel, ou ſon utilité particuliere.

6. Yem-Hu, ſous-préfet du royaume de Lu, bouleverſoit tout, & avoit cruellement vexé les habitants de Quam qui étoient dans ſon voiſinage, & s'étoit attiré de leur part une haine implacable.. Confucius paſſant par ce lieu, les habitants, ſur quelques traits de reſſemblance, le prennent pour ce ſous-préfet, courent aux armes & commencent à le pourſuivre. Confucius dit à ſes diſciples effrayés du danger : La ſcience des anciens ſages, ſi floriſſante ſous le regne de

Ven-Vam, n'exiſte plus que dans mes inſtructions. Si le ciel avoit réſolu qu'elle s'anéantît, il ne l'eût pas dépoſée entre mes mains pour me faire mourir après l'avoir publiée. Ainſi, ſi le ciel ne veut pas que cette ſcience ſoit anéantie & ſe perde, que peuvent contre moi les habitants de Quam ?

7. Le premier miniſtre du royaume d'Ou diſoit à Tſu-Kum, diſciple de Confucius : Il faut que votre maître ſoit un homme excellent ou un ſage ; ſans cela, comment poſséderoit-il tant de ſciences & d'arts ?

8. L'excellence ou la ſageſse, répondit Tſu-Kum, conſiſte beaucoup plus dans la vertu que dans la ſcience ; & le ciel a tellement répandu ſes faveurs ſur notre maître,

qu'outre les arts & les ſciences qu'il poſsede, il eſt encore un parfait modele de toutes les vertus.

9. Confucius ayant appris la queſtion que le miniſtre avoit faite à ſon diſciple, lui dit : Ce miniſtre ne ſait pas comment j'ai acquis la connoiſsance des arts & des ſciences, le voici : Dans mon enfance & dans ma jeuneſse je menois une vie obſcure, & j'étois ſans emploi; j'eus alors tout le loiſir pour m'appliquer aux arts & aux ſciences. Mais pour mettre un homme au nombre des ſages, eſt-il néceſsaire qu'il ſache pluſieurs ſciences & pluſieurs arts? non certainement.

10. Tſu-Cham diſoit que Confucius ſon maître diſoit ſouvent : J'ai pu dans ma jeuneſse m'appli-

pliquer à plusieurs arts & à plusieurs sciences, parceque j'étois absolument sans emploi.

11. Il y a des personnes qui disent que je sais beaucoup de choses; cependant il est certain que je ne sais rien. Si quelque pauvre homme ignorant m'interroge sur quelque précepte de la sagesse, je lui en explique la raison & la fin, & je tâche de ne lui laisser rien à desirer; voilà la seule chose que je sache.

12. Une ancienne tradition de la Chine portoit que sous le regne de Xam on avoit vu un aigle sur le haut du palais impérial; que sous le regne de Ven-Vam on l'avoit entendu chanter sur la montagne Ki, dans la province où ce prince étoit né; enfin, que sous Fohi, fondateur

de l'empire, on avoit vu ſortir du fleuve jaune un dragon qui portoit ſur ſon dos une grande nappe ſur laquelle étoient écrits 55 caracteres blancs & noirs dont on avoit fait des ſymboles. Tous ces événements étoient regardés comme d'heureux préſages, & comme des ſignes qui annonçoient un bon gouvernement.

Confucius, voyant les mœurs de ſon ſiecle corrompues, & le peu de progrès de ſon enſeignement, faiſoit alluſion à cette opinion, & diſoit : Nous n'avons plus de préſages qui nous annoncent un bon gouvernement ; l'aigle ne paroît plus, & l'on ne voit point ſortir de nappe du fleuve jaune : c'en eſt fait de ma doctrine.

13. Lorſque Confucius appercevoit un homme en deuil, un magiſtrat ou un aveugle, il ſe levoit s'il étoit aſſis, & accéléroit ſon pas s'il marchoit, afin de leur témoigner des égards & du reſpect.

14. Yen-Yuen, diſciple de Confucius, diſoit: Hélas! que la doctrine de notre maître eſt ſublime! qu'elle eſt ſolide! qu'elle eſt ſubtile! Dans les commencements, en conſidérant ſa ſublimité, je croyois que je pourrois m'élever juſqu'à elle; aujourd'hui, plus je parois m'en approcher, & plus elle me paroît élevée. En réfléchiſſant ſur ſa profondeur, je croyois pouvoir la pénétrer; mais aujourd'hui, plus je m'efforce de l'approfondir, & plus elle me paroît impénétrable.

Enfin, en méditant ſur ſa ſubtilité, je croyois qu'elle deviendroit ſenſible, & que je pourrois pour ainſi dire la voir de mes yeux; & voilà qu'elle m'échappe des mains; je les trouve vuides, croyant l'avoir ſaiſie.

15. Mais quoique la doctrine de notre maître ſoit ſi ſublime, ſi ſolide & ſi ſubtile, cependant, par le moyen du bel ordre qu'il met dans ſes diſcours, il a une dextérité ſinguliere pour intéreſser ſes diſciples. Lorſqu'il traite de choſes ſpéculatives, il nous promene pour ainſi dire dans le ſanctuaire de la nature, nous en fait voir tous les ſecrets, & nous fait parcourir l'hiſtoire de tous les temps; mais lorſqu'il s'agit de pratique, il eſt très

ſerré, & nous donne des moyens courts & faciles pour réprimer ſes paſſions, pour recueillir ſon eſprit, pour avoir toujours un maintien décent, & pour ſuivre les loix des rites.

16. Enfin, quoiqu'en conſidérant cette ſcience je veuille m'arrêter, je ne le peux, tant ſa douceur & ſa beauté me charment; mais lorſque j'ai épuiſé mes forces & mes reſsources pour la pénétrer, & que je crois la voir, je n'ai plus de moyen pour la ſuivre, quoique je le deſire ardemment.

17. Confucius étant grièvement malade, Tſu-Lu, le plus ancien de ſes diſciples, chargea quelques uns de ſes condiſciples de faire chez lui les fonctions de ſous-préfets & de courtiſans, comme cela ſe

pratiquoit dans la maiſon du premier miniſtre. Cependant Confucius n'ayant alors aucune charge, il ne convenoit pas qu'il eût ni ſous-préfets ni courtiſans.

18. Lorſque le danger fut paſſé, & que Confucius vit l'état de ſa maiſon, il appella Tſu-Lu, & lui dit : Je ſavois depuis long-temps que Tſu-Lu étoit faſtueux, & qu'il aimoit à en impoſer. Depuis que je ne ſuis plus en charge, tout le monde ſait que je n'ai ni préfets ni courtiſans ; n'en ayant point & ne devant point en avoir, qu'eſt-ce que Tſu-Lu veut que je trompe ? Veut-il par haſard que j'en impoſe au ciel ?

19. D'ailleurs ne vaut-il pas mieux finir tranquillement mes jours entre les mains d'un petit

nombre d'amis, en ſuivant les loix de l'honnêteté, qu'au milieu de ce cortege de faux ſous-préfets & de courtiſans que les rites ne permettent pas ? Je veux que, privé de cet attirail de ſous-préfets & de courtiſans, je ne puiſse obtenir une pompe funebre magnifique ; mais au moins mes diſciples ne me laiſseront pas ſans ſépulture & ſans tombeau.

20. Tſu-Kum, voyant que Confucius ſon maître, avec une ſcience & une vertu ſublime, ne recherchoit aucune magiſtrature, lui dit : Il y a un homme qui poſsede une très belle pierre précieuſe, doit-il l'enfermer & la dérober aux regards des hommes, ou l'expoſer & chercher à la vendre ?

Pourquoi ne la vendroit-il pas ? reprit Confucius : mais avant de la vendre j'attendrois qu'il ſe préſentât un acheteur qui m'en offrît un juſte prix ; car on avilit les marchandiſes que l'on veut forcer d'acheter.

21. Confucius, ayant parcouru ſans ſuccès pluſieurs provinces pour y enſeigner ſa doctrine, forma le projet de ſe retirer dans les contrées de l'orient qui étoient habitées par différentes nations. Un particulier, étonné de cette réſolution, lui dit : La terre de cette contrée eſt mauvaiſe, & les habitants en ſont barbares ; comment pourrez-vous y demeurer ? Si un ſage s'y établit, répondit Confucius, & qu'il puiſſe apprendre à ces peuples les regles &

les loix des mœurs, pourra-t-on regarder cette contrée comme mauvaise & méprisable ?

22. Depuis que, de retour du royaume de Guéi dans le royaume de Lu ma patrie, j'ai réformé les loix de la musique, on a donné la grace & la décence convenables à celle que l'on chante dans les repas des hôtes, & dans les cérémonies des princes morts.

23. Respecter en public les rois & les grands; obéir dans sa maison à ses parents & à ses freres; observer exactement les rites dans les funérailles; ne point s'enivrer dans les festins; quoique tous ces devoirs soient communs & même vulgaires, cependant je ne les remplis pas parfaitement.

24. Confucius, ſur le bord d'un fleuve, diſoit : Voilà l'image fidele du monde; cette eau s'écoule ſans interrompre ſon cours, & les choſes humaines ſont emportées par un mouvement qui ne ſuſpend ſa marche ni nuit ni jour.

25. Je n'ai point encore vu porter l'amour de la vertu auſſi loin que l'on porte l'amour de la volupté.

26. Il dépend de nous d'avancer ou de ne pas avancer dans l'étude de la ſageſſe. Si de dix parties de la ſageſſe j'en ai acquis neuf par mon travail, & que, ſaiſi tout-à-coup par la pareſſe, je ceſſe de travailler & j'abandonne mon entrepriſe, je ſuis ſemblable à celui qui entreprend d'élever une terraſſe, & qui,

lorſqu'elle eſt preſque à la hauteur qu'il vouloit lui donner, & qu'il ne manque pour l'achever qu'un panier de terre, ſe décourage & abandonne ſon entrepriſe.

C'eſt de la volonté ſeule de cet homme que vient la ceſſation du travail & le renoncement à ſon entrepriſe. Il en eſt de même lorſque je m'arrête dans le chemin de la vertu ; c'eſt de moi ſeul que cela vient.

Au contraire, ſi je commence par former une ferme réſolution d'entrer dans la carriere de la vertu, quoique difficile, & de m'y perfectionner ſans me rebuter par la difficulté de l'entrepriſe, je ſuis ſemblable à un homme qui veut élever un môle dans une plaine, &

qui, bien qu'il n'ait encore ramaſsé qu'un panier de terre, ne s'abandonne cependant ni au découragement ni au déſeſpoir, pourſuit ſon ouvrage, & l'acheve. C'eſt la volonté ſeule de cet homme qui fait qu'il continue ſon ouvrage & qu'il l'acheve; de même c'eſt de moi ſeul que vient ma persévérance dans la carriere de la vertu, où je n'étois d'abord entré qu'avec peine & en chancelant.

27. Le plus zélé de mes diſciples pour apprendre la ſcience de la ſageſse que j'enſeigne, fut mon cher Hoéi, ou Yen-Yuen.

28. Hélas! je ne l'ai jamais vu ni s'arrêter ni ſe relâcher.

29. Il y a des chaumes de riz qui s'élevent, mais qui ne donnent point

de fleurs; d'autres portent des fleurs & ne produisent point de grain. Il en est ainsi des éleves des lettres.

30. Il faut respecter non seulement les vieillards, mais encore les jeunes gens. Puis-je savoir si dans la suite ce jeune homme ne sera pas plus éclairé & plus vertueux que moi ? Je ne crois cependant pas que l'on doive aucun respect à celui qui, ayant atteint quarante ou cinquante ans, ne s'est fait aucun nom comme savant ou comme vertueux; car s'il n'a fait aucun progrès dans la vigueur de l'âge, peut-on espérer qu'il en fera pendant la langueur de la vieillesse ?

31. Si quelqu'un fait une faute & qu'on l'en avertisse, mais avec amitié, pourroit-il ne pas écouter

celui qui l'avertit ? Mais ce que l'on doit se proposer uniquement dans les avertissements, c'est que celui à qui on les donne se corrige. Si l'on ne donne des avis qu'en paroles couvertes, en prenant des détours, & avec prudence, celui à qui on les donne peut-il n'en être pas satisfait ? Mais il faut que celui qui les donne n'ait pour but que d'engager à les suivre ; car si l'homme averti n'est satisfait que de la discrétion du moniteur, & qu'il n'entende pas les avis qu'on lui donne, ou que, les entendant, il ne les suive pas, je ne vois pas à quoi servent ni l'avis ni la prudence avec laquelle on le donne ; non plus que les conseils donnés en termes clairs, si celui à qui on les donne se contente de les entendre & ne ſe corrige pas.

32. Il faut qu'un diſciple de la ſageſse s'applique ſur-tout à être vrai & ſincere : quant à ſa ſociété, il faut qu'il fréquente des hommes égaux ou ſupérieurs à lui ; enfin, comme perſonne ne peut vivre ſans commettre des fautes, il faut qu'il travaille ſans ceſse à ſe corriger, & que jamais il ne s'ennuie de ce travail.

33. Quoiqu'il n'y ait point de général qu'on ne puiſse domter, il n'y a cependant point de ſoldat dont on puiſse domter l'eſprit.

34. Mon diſciple Tſu-Lu ne rougit point de paroître couvert d'une vile caſaque devant des hommes vêtus ſuperbement des plus riches fourrures des renards & des

hermines des contrées orientales.

35. Une ode du livre des poésies dit : « Un homme sans envie « & sans ambition peut-il ne pas se « bien conduire ? »

Tsu-Lu chantoit continuellement cette strophe avec satisfaction, & se l'appliquoit. Confucius, pour réprimer la vaine joie de son disciple, & pour lui donner de l'émulation, lui dit : Ce sont sans doute deux vertus, que l'exemption d'envie & d'ambition ; mais que c'est peu de chose en comparaison de la vaste perfection de l'homme de bien !

36. Tout le monde sait que ce n'est qu'après les froids de l'hiver que tombent doucement les feuilles des pins & des cyprès ; & c'est en

cela qu'ils different des autres arbres. Ils ſont l'emblême de la différence du ſage & de l'inſenſé.

37. Le prudent n'eſt point irréſolu ; le pieux n'a point de remords ; le brave ne craint point.

38. Un maître ſage doit ſe proportionner à la capacité de ſes diſciples : on peut admettre aux inſtructions celui qui deſire de s'inſtruire ; mais il ne faut pas pour cela le faire entrer ſur-le-champ dans le chemin de la perfection ; lorſqu il y eſt entré, il ne faut pas ſur-le-champ lui propoſer une conſtance à l'épreuve de la proſpérité & de l'adverſité. Parvenu à la conſtance, il ne faut pas auſſitôt le peſer rigoureuſement à la balance exacte de l'homme prudent.

39. Une ancienne ode exprimoit ainsi les sentiments d'un ami séparé d'un ami : « Lorsque je vois « ces beaux poiriers couverts de « fleurs & de feuilles qu'un vent « frais agite doucement, puis-je ne « pas penser à vous ? Mais, hélas ! « que le lieu où vous habitez est « loin de moi ! »

Celui qui a fait cette strophe, disoit Confucius, n'étoit pas fortement & uniquement occupé de son ami ; sans cela, comment auroit-il pu dire qu'il étoit loin de lui ?

ARTICLE X.

Des mœurs publiques & privées de Confucius.

1. CONFUCIUS étoit chez lui

ſans apprêt, ſans déguiſement & de la plus grande ſincérité; mais ſi économe de ſes paroles, ſi l'on peut s'exprimer ainſi, que l'on étoit tenté de croire qu'il ne pouvoit parler. Au contraire, aux cérémonies des rois morts ou dans les palais, il étoit éloquent, & cependant très diſcret & très réſervé.

2. Dans le palais il s'entretenoit avec les préfets inférieurs; il montroit une juſte élévation d'ame & une honnêteté pleine de dignité lorſqu'il parloit aux ſupérieurs.

3. Lorſqu'il étoit en préſence du roi, tout ſon maintien reſpiroit la vénération & le reſpect; mais on n'y voyoit rien de contraint.

4. Si le roi l'appelloit pour recevoir un roi étranger, ſur-le-champ

ſa phyſionomie changeoit ; la gravité ſembloit s'en emparer, & il marchoit auſſi lentement que s'il eût été malade.

5. Lorſqu'un roi étranger arrivoit à la porte du palais, il étoit reçu par trois miniſtres qui le ſuivoient, & qui rapportoient aux deux rois ce que chacun d'eux diſoit ; après quoi les deux rois s'approchoient & entroient enſemble dans le palais. Dans une de ces cérémonies, Confucius au milieu des deux autres miniſtres, & recevant de celui qui étoit à ſa gauche les paroles du roi, qu'il rendoit à celui qui étoit à ſa droite, on a remarqué qu'il rempliſſoit cette fonction avec tant de décence & de modeſtie, que le bas de ſa robe ne faiſoit pas le moindre mouvement.

6. Lorſque les deux rois entroient dans la grande ſalle, Confucius accéléroit un peu ſon pas en étendant & en élevant un peu les bras.

7. Lorſque le roi reconduiſoit le roi étranger juſqu'à la porte, & qu'il s'y arrêtoit un peu juſqu'à ce que celui-ci fût hors de ſa vue, il diſoit au roi : On ne voit plus l'étranger, & il ne tourne plus la tête.

8. En entrant dans le palais il ſe courboit comme ſi la porte eût été trop baſse, & jamais il ne s'arrêtoit ſur le ſeuil de la porte.

9. Paſsoit-il devant le trône, ſur-le-champ le reſpect ſe peignoit ſur ſon viſage ; il levoit à peine le pied, & ſembloit devenir muet

10. S'il alloit voir le roi, lorſ-

qu'il montoit les degrés de la ſalle intérieure il levoit un peu ſa robe & retenoit ſon haleine comme s'il n'eût pu reſpirer.

11. Lorſqu'il ſortoit de l'audience du roi, il n'avoit pas plutôt touché le premier degré de l'eſcalier que la ſérénité ſe répandoit ſur ſon viſage; lorſqu'il étoit au dernier, il accéléroit un peu le pas pour ſe mettre hors de la vue du roi, & venoit prendre ſa place parmi les grands. Alors il reprenoit ſon maintien reſpectueux avec l'apparence d'une ſorte d'inquiétude.

12. Autrefois lorſque l'empereur créoit des rois, il leur donnoit pour cachet un onyx ſur lequel étoit gravé un écuſſon qu'ils devoient tenir à leur main devant leur poitrine

toutes les fois qu'ils alloient voir l'empereur. Les rois le donnoient à leurs ambaſsadeurs, ſoit auprès de l'empereur, ſoit auprès des autres rois. Lorſque Confucius partoit pour quelque ambaſsade, il recevoit le cachet avec un profond reſpect & le corps courbé comme s'il n'eût pu le porter. Lorſqu'il le tenoit en parlant, il ſembloit lui rendre hommage. Sa phyſionomie étoit tellement changée, qu'il avoit l'air de la crainte, & il marchoit lentement comme dans une cérémonie où l'on marche à la ſuite des autres.

13. Lorſqu'il offroit publiquement au roi vers lequel il étoit envoyé les préſents du roi qui l'envoyoit, il avoit une vénérable gra-

vité, & il prenoit un visage plus gai lorsqu'il présentoit les siens propres.

14. Le collier de sa robe n'étoit jamais ni rouge ni jaune, & il n'employoit jamais pour ses habits ordinaires ni le rouge ni le brun, parce-qu'il croyoit que ces couleurs ne convenoient qu'aux femmes.

15. Dans l'été, lorsqu'il n'avoit qu'un simple habit de toile de chanvre fine ou grossiere, il mettoit toujours dessous un autre habit par décence, pour ne pas laisser voir indécemment son corps. En hiver il étoit vêtu de peaux couvertes d'un drap de la même couleur.

16. Ses habits ordinaires, faits de peaux, étoient fort longs; mais la manche droite étoit un peu plus

courte, afin d'écrire & de faire tous les mouvements plus facilement. Dans les temps où il n'étoit pas permis de se déshabiller pour dormir, il avoit une robe particuliere qui avoit une fois & demie la longueur de son corps.

17. Pendant l'hiver il étoit vêtu dans sa maison de fourrures de renards, ou d'un animal dormeur, nommé *ho*, parcequ'il les croyoit plus chaudes. Excepté dans les cérémonies funebres, il portoit toujours pendus à ses habits tous les ustensiles d'un usage continuel & nécessaire; par exemple, un couteau, une pierre à aiguiser, une petite broche. Il ne portoit une robe longue & ouverte que dans les cérémonies publiques. Dans tout au-

tre temps ſon habit étoit exactement fermé.

18. Lorſqu'il rempliſsoit les devoirs envers les parents morts, ſon bonnet étoit bordé d'une peau de bouc noir. Quoiqu'il ne fût pas dans les charges, cependant il alloit au palais tous les premiers jours du mois en habit de cour.

19. Dans les jours d'abſtinence il portoit une robe de toile de chanvre, & changeoit ſa nourriture ordinaire, & habitoit une chambre plus retirée.

20. Quoïqu'il ne recherchât point les mets délicats, il vouloit cependant que ſon riz fût bien mûr, & il aimoit le hachis de viande & de poiſson.

21. Il ne ſe permettoit de man-

ger ni le riz lorſque l'humidité & la chaleur l'avoient fait fermenter, ni la chair & le poiſson lorſqu'ils étoient haſardés, ni rien qui eût une couleur dégoûtante ou une odeur rebutante, ni rien de ce qui étoit mal cuit ou prématuré.

22. Il avoit de la répugnance pour tout ce qui étoit coupé déſagréablement ou mal aſsaiſonné. Quoiqu'il aimât beaucoup la viande, & qu'il la préférât aux autres aliments, il ne s'en permettoit cependant que ce que ſon eſtomac pouvoit digérer. Dans les repas il ne ſe preſcrivoit rien ſur le vin : cependant il en buvoit avec modération, & jamais juſqu'à l'ivreſse.

23. Il ne buvoit jamais de vin acheté au marché, & ne mangeoit

point de viandes fumées. Il admettoit le gingembre dans les assaisonnements, mais en petite quantité.

24. Lorsqu'il assistoit aux cérémonies des rois défunts, il distribuoit sur-le-champ la portion de viande qu'on lui avoit envoyée ; & dans les cérémonies de ses ancêtres, il ne gardoit jamais la viande huit jours, parcequ'alors elle tendoit à la putridité.

25. Il ne parloit jamais ni en mangeant ni lorsqu'il alloit se coucher. De tout ce qu'il mangeoit, même des légumes & des aliments les plus communs, il en mettoit une petite portion sur une assiette placée au milieu de la table en témoignage de reconnoissance pour ceux qui les premiers avoient appris

à cuire les aliments. Il faiſoit cette eſpece d'offrande avec la gravité & la modeſtie que l'on s'impoſe lorſque l'on rend un hommage.

26. Il ne s'aſſeyoit point ſur une natte ou ſur un tapis mal arrangé.

27. Lorſqu'il avoit aſſiſté à un repas public, il ne vouloit jamais ſortir qu'après les plus âgés.

28. Lorſque les magiciens arrivoient chez lui pour chaſſer les eſprits malins & morbifiques, il ſe montroit en habit de cour ſur les degrés de l'eſcalier qui étoit à l'orient.

29. Lorſqu'il envoyoit un de ſes diſciples dans un autre royaume pour ſavoir des nouvelles d'un ami, il le ſaluoit à ſon départ avec reſpect comme s'il eût vu ſon ami dans celui qu'il envoyoit.

Kam, premier miniſtre de Lu, envoya un médicament à Confucius : il le ſalua avec reſpect, & le reçut avec politeſse pour ne pas paroître mépriſer celui qui le donnoit. Il dit enſuite à celui qui l'apportoit : Comme je ne ſais pour quelle maladie ce médicament doit être employé, je n'oſe en goûter.

30. L'écurie de Confucius fut conſumée par le feu ; il l'apprit en revenant du palais, & demanda ſi aucun homme n'avoit été incommodé par l'incendie, ſans faire aucune queſtion ſur les chevaux.

31. Si le roi lui envoyoit un plat de viande cuite, il en mangeoit ſur-le-champ un peu avec autant de décence & de gravité que ſi le roi eût été préſent, & il diſtribuoit le

reſte. Si c'étoit de la chair crue, il la faiſoit cuire, & l'offroit à ſes ancêtres : ſi c'étoit un animal vivant, il le faiſoit nourrir.

32. Lorſqu'il étoit à la table du roi, ſi le prince faiſoit l'offrande aux inventeurs de la cuiſine, Confucius ne ſe permettoit pas de faire la même offrande, & mangeoit auſſitôt que le prince l'avoit faite, & n'attendoit pas que le roi l'invitât à manger, comme cela ſe pratiquoit pour faire honneur aux hôtes.

33. S'il étoit malade, & que le roi le viſitât, il ſe tournoit par reſpect vers la porte orientale ; & ne pouvant prendre l'habit de la cour, il le faiſoit mettre ſur ſon lit avec ſa ceinture.

34. Lorsque le roi l'appelloit, il n'attendoit pas, pour se rendre à la cour, que son char fût attelé, il partoit sur-le-champ, dans la crainte que son retardement ne fût préjudiciable dans ces temps de trouble.

35. S'il apprenoit qu'un de ses amis fût mort sans laisser aucun bien, il disoit aussitôt : Je ferai les frais de ses funérailles. Lorsqu'un ami lui envoyoit un présent, quelque précieux qu'il fût, des chevaux, un char, ou autre chose, il ne lui témoignoit aucun respect, il se contentoit de le recevoir avec amitié ; excepté cependant la chair qui avoit été présentée aux ancêtres, à laquelle il témoignoit le même respect qu'aux morts.

36. Lorsqu'il étoit au lit, il ne s'y tenoit pas dans un état de désordre comme un mort; & lorsqu'il étoit seul chez lui, il déposoit la gravité sérieuse qu'on lui voyoit en public.

37. S'il rencontroit un homme en deuil, quelque familier qu'il fût avec lui, la sensibilité pour son malheur changeoit sur-le-champ sa physionomie. S'il rencontroit un ministre ou un aveugle, il se levoit aussitôt, & prenoit pour l'un & pour l'autre un air respectueux.

38. Lorsqu'il étoit dans son char, & qu'il rencontroit ou un homme en deuil, ou quelqu'un qui portât le livre où sont écrits tous les noms des citoyens, aussitôt il s'inclinoit profondément & respectueusement

jusques sur la traverse de son char.

39. Lorsqu'il étoit invité, & qu'étant à table il voyoit une grande abondance & une grande élégance dans le service, son visage changeoit, & se levant, il saluoit son hôte avec respect. Sa physionomie changeoit aussi s'il tonnoit, si le vent rendoit un sifflement aigu.

40. Lorsqu'il montoit dans son char, il prenoit les guides des chevaux étant droit & debout; assis, il ne détournoit point la tête: s'il lui survenoit quelque chose à dire, il le disoit modestement; s'il vouloit faire voir quelque chose, il ne le montroit point avec le doigt.

41. Les oiseaux, disoit-il, n'ont pas plutôt apperçu le visage des chasseurs, qu'ils s'envolent aussitôt,

&, après plusieurs tours dans les airs, vont se reposer dans un lieu de sûreté. Ayant apperçu un faisan qui étoit sur le sommet d'une montagne : Hélas ! dit-il, que ce faisan sait bien pourvoir à sa sûreté ! qu'il connoît bien le temps de boire, de manger & de se reposer ! Tsu-Lu, entendant les réflexions de Confucius, marche au faisan comme s'il eût eu dessein de le prendre ; mais le faisan, après avoir chanté trois fois, s'envola.

ARTICLE XI.

Observations & jugement de Confucius sur ses disciples.

1. LORSQU'IL s'agit des devoirs de l'honnêteté & de la musique, on

croit que les anciens étoient ignorants & grossiers, & que les modernes, au contraire, sont polis & d'un goût exquis. Cependant je me conforme à ces deux égards aux anciens.

2. Chao, roi de Tsou, appella chez lui Confucius pour le charger du premier ministere. Confucius part pour s'y rendre accompagné de beaucoup de disciples. Il étoit arrivé sur les frontieres des deux royaumes de Chin & Tsay. Les ministres de ces deux petits états craignoient les effets de la sage administration de Confucius dans un royaume aussi considérable que celui de Tsou: ils environnerent Confucius de soldats, & lui fermerent le passage; en sorte que, sans escorte & sans

vivres, il fut obligé de retourner avec ſes diſciples dans le royaume de Lu ſa patrie.

Long-temps après, Confucius diſoit : Les diſciples qui avoient eu le courage de me ſuivre juſqu'aux royaumes de Chin & de Tſay ſont aujourd'hui diſpersés ; aucun d'eux ne fréquente aujourd'hui ma maiſon.

3. Tous ces diſciples qui avoient ſuivi Confucius étoient d'un mérite rare ; cependant il y en avoit quelques uns qui excelloient, les uns par leur vertu, comme Yen-Yuen, Mem-Tſu-Kien, Gen-Pé-Nien, Chun-Kem ; par leur éloquence, comme Tſay-Ngo & Tſu-Kum ; dans l'art de gouverner, comme Gen-Yen & Ki-Lu ; dans les ſciences, comme Tſu-Yen & Tſu-Hia.

4. Confucius, en ſe rappellant le ſouvenir de ces diſciples, diſoit: Yen-Yuen écoutoit avec un viſage gai tout ce que je diſois, & s'empreſsoit de le pratiquer.

5. Mim-Tſu-Kim étoit ſi bon fils & ſi bon parent, que les étrangers ne louoient pas moins ſa piété que ſes parents mêmes.

6. Nau-Yen ſe rappelloit & répétoit trois fois par jour la maxime du livre des poéſies, qui dit: « On « peut effacer la tache de l'albâtre; « mais on n'efface jamais la tache « d'un mot échappé ». C'étoit pour cela que Confucius lui avoit fait épouſer la fille de ſon frere.

7. Le premier miniſtre du royaume de Lu, qui vouloit propoſer au roi pour les charges quelques uns

des disciples de Confucius, lui demanda quels étoient parmi ses disciples ceux qui desiroient véritablement d'apprendre.

Mon disciple Yen-Hoéi étoit véritablement amateur de la science; mais, hélas! une mort prématurée l'a enlevé; aujourd'hui je n'en connois plus.

8. A la mort d'Yen-Yuen, son pere pria Confucius de lui donner son char afin de le vendre pour mettre quelque ornement sur le tombeau de son fils, croyant que ce char n'étoit pas fort nécessaire à Confucius depuis qu'il n'étoit plus en charge; Confucius lui dit: Qu'un fils ait ou n'ait pas de talents & de science, son pere le traite toujours comme son fils. Or Pé-Y, mon fils

unique, étant mort, je lui ai donné un tombeau, mais sans aucun ornement, & je n'ai pas cru que, pour décorer son tombeau, il fallût vendre mon char & me mettre dans la nécessité d'aller toujours à pied; car quoique je ne sois plus dans les charges, cependant comme je suis immédiatement après les premiers préfets du royaume, & que je traite souvent des affaires publiques, il ne convient pas que je sois dans la nécessité d'aller toujours à pied.

9. Confucius espéroit que son disciple Yen-Yuen propageroit sa doctrine : voyant qu'il étoit mort si promptement, il disoit en gémissant : Hélas! le ciel m'ôte la vie! A la nouvelle de sa mort il répandit un torrent de larmes.

10. Ses diſciples en furent ſurpris, & diſoient : La douleur de notre maître eſt exceſſive. Je reſsens, leur dit Confucius, la plus vive douleur ; mais la raiſon ne l'autoriſe-t-elle pas ? & ſi je ne pleure pas amèrement ce diſciple, qui pleurerai-je donc ?

11. Yen-Yuen étant mort dans la pauvreté, ſes condiſciples réſolurent de lui faire à leurs dépens de magnifiques obſeques. Confucius les déſapprouva : Cela eſt contraire à la bienséance, diſoit-il ; car la raiſon demande que les funérailles répondent à la condition & aux facultés du mort. Cependant Yen-Yuen fut enterré avec magnificence. Confucius les blâma, & leur dit : Tant que mon cher Yen-Yuen

a vécu, il m'a regardé comme ſon pere, & moi je n'ai pu à ſa mort le traiter comme mon fils; car lorſque mon fils Ly mourut, je le fis inhumer conformément aux regles des rites & de la droite raiſon: au reſte, ce ſont ces deux ou trois diſciples qui ont commis cette faute, je n'y ai aucune part.

12. Tſu-Lu demanda à Confucius comment il falloit ſervir les eſprits.

Comment! lui dit Confucius, vous ne ſavez pas encore comment il faut ſervir les hommes que vous voyez, & vous demandez comment vous devez ſervir les eſprits que vous ne voyez pas!

Oſerois-je vous demander ce que c'eſt que la mort? lui dit le même diſciple.

Vous ne ſavez pas encore ce que c'eſt que la vie, ni comment on vit bien, lui dit Confucius, comment pourriez-vous ſavoir ce que c'eſt que la mort, & comment elle eſt heureuſe ?

13. Quatre diſciples d'une phyſionomie différente étoient autour de Confucius : Min-Tſu-Kien avoit un viſage doux & benin ; Tſu-Lu un air audacieux; Gen-Yen & Tſu-Kum une mine grave.

Confucius, en les regardant, éprouva un ſentiment de plaiſir qu'il ne put s'empêcher de manifeſter ; cependant comme il voyoit trop d'audace dans Tſu-Lu, il lui dit : Je crois voir dans Tſu-Lu un homme qui ne peut mourir d'une mort naturelle. En effet, il fut tué dans une bataille.

14. Le roi de Lu vouloit abattre le trésor & le grenier public, dont quelque partie tomboit de vétusté, & en construire un nouveau : tous les ministres approuverent son projet, excepté Mim-Tsu-Kien, disciple de Confucius, qui opina qu'il étoit inutile de faire un nouvel édifice pour le trésor & pour le grenier.

Confucius, ayant su l'avis de Mem-Tsu-Kien, dit : Cet homme n'est pas presse de dire son avis ; puisqu'il a parlé si hardiment, il falloit que la raison l'exigeât.

15. Tsu-Lu jouoit de la guitare dans la salle de Confucius ; & comme il aimoit la guerre, il jouoit avec force un air militaire.

Pourquoi donc, dit Confucius,

pourquoi Tſu-Lu joue-t-il ainſi un air guerrier dans mon école? Il s'apperçut que ſa queſtion avoit porté coup à l'opinion que ſes diſciples avoient de Tſu-Lu; il les en blâma, & leur dit: Tſu-Lu n'eſt pas encore dans le ſanctuaire de la ſageſſe; cependant il a tant de courage & d'élévation, qu'on peut dire qu'il eſt dans l'anti-chambre.

16. Tſu-Kum demandoit à Confucius quel étoit le plus ſage de Su ou de Xam, ſes deux condiſciples; il répondit: Su entreprend plus qu'il ne peut, & Xam moins.

Par conſéquent, repartit Tſu-Kum, Su eſt au-deſſus de Xam.

C'eſt un tort égal, dit Confucius, de pécher par excès ou par défaut.

17. Ki-Sum, premier miniſtre de Lu, étoit d'une richeſse prodigieuſe. Gen-Kien, diſciple de Confucius, avoit l'adminiſtration de ſa maiſon, & employoit mille moyens pour l'enrichir encore.

Ce Gen-Kien, dit Confucius à ſes diſciples, n'eſt plus à moi; je le renie: vous que je regarde comme mes diſciples, allez l'attaquer & le reprendre unanimement; vous devez faire tous vos efforts pour le corriger.

18. Il diſoit de quatre autres diſciples: Chay eſt un peu trop groſſier; Seu, un peu trop lent; Su n'eſt pas aſsez franc; Ten, pas aſsez poli.

19. Il diſoit enſuite: Mon diſciple Yen-Hoéi ne touchoit-il pas à la perfection de la ſageſse? Quoi-

que réduit ſouvent à la derniere miſere, il étoit cependant toujours ſerein & gai : au contraire, Tſu-Kum, rebelle à l'ordre de la providence, étoit ſans ceſse occupé des moyens d'amaſser des richeſses ; & il avoit tant de ſagacité, qu'il réuſſiſsoit preſque toujours dans ſes projets.

20 Tſu-Kum demandoit à Confucius ce qu'il penſoit de la conduite de ceux qui étoient doués d'une certaine probité naturelle.

Comme ces hommes ne ſuivent point la regle parfaite des anciens ſages, dit Confucius, ils ne peuvent pénétrer dans le ſanctuaire de la ſageſse.

21. Si, ſur la ſeule apparence, ou ſur les ſeuls diſcours, vous jugez que quelqu'un a de la vertu, pou-

vez-vous aſsurer ſi elle eſt vraie ou fauſse ?

22. Le diſciple Tſu-Lu demanda à Confucius s'il pouvoit réduire en pratique ſur-le-champ la doctrine qu'il avoit reçue dans ſon école.

N'avez-vous pas un pere & des freres aînés ? répondit Confucius ; comment pouvez-vous, ſans leur agrément, pratiquer ce que vous avez entendu dans mon école ?

Gen-Kien lui fit la même queſtion, & Confucius lui répondit affirmativement.

Kum-Si-Hoa, un troiſieme diſciple, lui dit : Voilà deux réponſes qui me paroiſsent preſque contradictoires, & qui m'embarraſsent ; permettez que je vous en demande l'explication.

Confucius lui dit : Gen-Kien eſt timide, il faut lui donner du courage ; Tſu-Lu eſt courageux & audacieux, il faut le contenir.

23. Lorſque les habitants de Quam aſſaillirent Confucius, & qu'il leur échappa, Yen-Yuen reſta en arriere, & enfin retrouva peu après Confucius, qui en fut charmé, & lui dit : Je croyois que l'on vous avoit tué.

Comment pourrois-je m'expoſer à la mort tant que vous vivez ? répondit le diſciple.

24. Tſu-Lu & Gen-Kien, deux diſciples de Confucius, étoient ſous-préfets de la maiſon du premier miniſtre de Lu. Ki-Tſu-Yen, ſon fils, demanda à Confucius ſi l'on pouvoit dire que ces diſciples avoient

les vertus qui font les grands miniſtres. Il ne faiſoit cette queſtion que pour ſe glorifier du choix de ces deux ſous-préfets, ſi Confucius répondoit affirmativement.

Je m'attendois, lui dit Confucius, que vous alliez me parler de bien d'autres hommes. Que ſont, je vous prie, Tſu-Lu & Gen-Kien en comparaiſon des grands miniſtres ? Un grand miniſtre eſt celui qui ſert le roi conformément aux loix de l'équité, & qui renonce au miniſtere auſſitôt qu'il ne peut plus ſervir le roi ſelon les loix de l'équité. Tſu-Lu & Gen-Kien peuvent tout au plus être placés dans la claſſe des préfets ordinaires.

25. Ils ſont donc du nombre de ceux qui ſont toujours de l'avis de

leurs maîtres ? reprit Ki-Tſu-Yen.

Je ſuis sûr, répondit Confucius, qu'ils ne ſeront jamais de l'avis de leurs maîtres, s'ils machinent quelque choſe contre leurs parents & contre le roi.

26. Tſu-Lu ou Cham-Yu, qui avoit l'intendance de la maiſon de ce miniſtre, voulut établir Tſu-Chao ſon condiſciple préfet d'une ville. Confucius blâma ſon deſsein : Vous perdez cet homme, lui dit-il ; il eſt à peine imbu des premieres notions de la ſageſse, & vous voulez auſſitôt le conſtituer préfet. Tſu-Lu dit pour ſe juſtifier : Il y a dans cette préfecture beaucoup de peuple à gouverner & un culte à rendre aux eſprits des grains & de la terre ; faut-il pour cela être ſavant, & ap-

prendre peu à peu les livres ?

Alors Confucius se tournant vers ses disciples, dit : Ce discoureur ne dit que des absurdités, & c'est pour cela que son babil m'est insupportable.

27. Tsu-Lu, Tsem-Tien, Gen-Kien & Kum-Si-Hoa étoient aux côtés de Confucius, qui, pour connoître leur caractere, leur dit : Je vois avec peine que vous me regardez avec un sentiment de timidité comme votre maître & comme votre ancien, & que vous n'osez parler. Cessez, je vous prie, un moment de m'envisager sous ce point de vue ; je sais que vous dites en vous-mêmes : Je suis certainement capable de remplir une charge ; mais il n'y a personne qui me con-

noiſse & qui me préſente. Suppoſons un moment que l'on vous connoiſse & que l'on vous mette en charge, que penſez-vous que vous feriez ?

28. Tſu-Lu répondit ſur-le-champ : Suppoſons un royaume de cent ſtades quarrées, qui pût mettre ſur pied mille chariots de guerre, qui ſoit environné de grands royaumes qui ont ſur pied de grandes armées, & dont les colons, diſpersés çà & là par la guerre, ne cultivent point les campagnes, & qui ſoit ſujet à de grandes famines; que l'on me donne ce royaume à gouverner, & je crois que dans trois ans je ferai en ſorte qu'il ait des forces ſuffiſantes pour repouſser ſes ennemis, & que l'on y ſuivra les loix de l'équité.

Confucius ſourit de l'empreſſement de Tſu-Lu à répondre, & dit : Et vous, Gen-Kien ?

29. Pour moi, dit-il modeſtement, je n'oſe dire que je ſois capable de gouverner un grand royaume ; mais ſi l'on me confioit le ſoin d'un petit royaume de ſoixante ou ſoixante & dix ſtades, je pourrois parvenir à procurer au peuple une ſubſiſtance ſuffiſante ; mais à l'égard de la diſcipline, des rites & de la muſique, je m'en repoſerois ſur les ſoins d'un homme doué d'une ſcience & d'une vertu parfaite.

30. Il adreſſa enſuite la parole à Kum-Si-Hoa, & lui demanda ce qu'il penſoit, & qui répondit : Je n'oſe dire que je ſache les rites & la muſique, ainſi je deſire de m'en

inſtruire encore ; cependant ſi l'on m'en jugeoit digne, je deſirerois une petite charge de maître des cérémonies dans les honneurs que les empereurs rendent à leurs parents, ou lorſqu'on tient l'aſsemblée générale des rois dans le palais impérial.

31. Et vous, Tſem-Tien ?

Je ne deſire rien de ce qui fait l'objet des vœux de mes trois condiſciples ; ainſi il eſt inutile que je parle.

Pourquoi donc ? reprit Confucius ; chacun dit ce qu'il penſe, déclare ce qu'il aime, & rien de plus.

Alors Tſem-Tien dit : Pour moi, voici ce que j'aime : A la fin du printemps, lorſque l'air commence à s'échauffer, j'aime à me promener au midi de notre capitale avec cinq ou six amis qui ont reçu le chapeau, à me baigner dans les eaux limpides de la fontaine *Y*, à recevoir ensuite la fraîcheur du vent à l'ombre du bocage nommé *Vu Yu*, à y chanter un concert, & avec la lyre les belles strophes, & à revenir chez moi après cette délicieuse promenade & cette innocente récréation. Voilà toutes mes délices & l'objet de tous mes vœux.

Hélas! mon cher Tsem-Tien, dit Confucius comme en soupirant, je pense comme vous, & je fais les mêmes vœux.

32. Tsem-Tien, voyant que Confucius avoit souri lorsque Tsu-Lu avoit parlé, qu'il n'avoit rien

dit ſur les réponſes des deux autres, & qu'il avoit parlé ſur la ſienne, lui demanda ce que vouloit dire cette différence dans la maniere d'écouter & de recevoir les réponſes de ſes diſciples ; pourquoi, par exemple, il avoit ſouri lorſque Tſu-Lu avoit parlé.

Confucius lui dit : Avant de deſirer de gouverner un royaume, il eſt néceſſaire d'obſerver les loix de la modeſtie & de l'humilité, auſſi bien que l'honnêteté des rites ; je n'ai pas eu plutôt proposé ma queſtion, que Tſu-Lu, ſans aucun égard aux regles de la modeſtie & de l'humilité, s'eſt empreſſé d'exalter avec orgueil & avec oſtentation ſon habileté. Voilà pourquoi j'ai ſouri.

33. Mais, continua Tſem-Tien

Gen-Kien a dit qu'il pouvoit procurer ce qui eſt néceſſaire pour la ſubſiſtance d'un royaume de ſoixante ſtades ; eſt-ce que l'on peut donner le nom de royaume à une étendue de ſoixante ſtades ?

Ce n'eſt point l'étendue qui fait le royaume, répondit Confucius, ce ſont les droits, l'autorité, le gouvernement. Une étendue de cinquante ſtades eſt un royaume comme une étendue de quatre cents s'il a la même autorité, les mêmes droits, le même gouvernement.

34. Enfin, dit Tſem-Tien, mon condiſciple Kum-Si-Hoa a dit qu'il pouvoit être un petit maître des cérémonies ; permettez-moi de vous demander encore ſi l'on peut dire que celui qui fait les fonctions

d'un petit maître des cérémonies gouverne le royaume.

Il a dit, répondit Confucius, qu'il pouvoit être maître des cérémonies dans la cour de l'empereur pour les honneurs que l'on rend aux ancêtres, & dans l'assemblée générale des rois & des préfets de l'empire. Si ce n'est pas la fonction d'un roi, dites-moi, je vous prie, en quoi elle consiste. En effet, si mon disciple Kum-Si-Hoa ne peut être qu'un petit maître des cérémonies, qui pourra faire les fonctions de grand maître ?

www.ingramcontent.com/pod-product-compliance
Ingram Content Group UK Ltd.
Pitfield, Milton Keynes, MK11 3LW, UK
UKHW021925230726
13925UKWH00007B/499